2024 대한민국 지식문화대전

한국출판지도사협회 주관
역경극복수기 공모전 수상작

2024 대한민국 지식문화대전

한국출판지도사협회 주관
역경극복수기 공모전 수상작

발 행 일	2024년 10월 04일
지 은 이	강경아 김영희 임광숙 안현숙 강신영 김준희
	홍성화 김현임 이우자 윤지원 강화정 이서미 김기덕
편 집	김모정
디 자 인	정태희
발 행 인	권경민
발 행 처	한국지식문화원
출판등록	제 2021-000105호 (2021년 05월 25일)
주 소	서울시 서초구 서운로13 중앙로얄빌딩 B126
대표전화	0507-1467-7884
홈페이지	www.kcbooks.org
이 메 일	admin@kcbooks.org
ISBN	97911-7190-068-8

ⓒ 한국지식문화원 2024
본 책 내용의 전부 또는 일부를 재사용하려면
반드시 저작권자의 동의를 받으셔야 합니다.

2024 대한민국 지식문화대전

한국출판지도사협회 주관
역경극복수기 공모전 수상작

대상 강경아
금상 김영희
은상 임광숙
동상 안현숙

장려상
강신영, 김준희, 홍성화,
김현임, 이우자, 윤지원,
강화정, 이서미, 김기덕

한국지식문화원
BOOK PUBLISHING

| 발간사 |

　한국출판지도사협회 주관 2024 대한민국 지식문화대전 - 역경극복 수기 공모전 수상작이 책으로 나왔습니다. 수많은 작가들이 응모하여 매우 치열한 경쟁을 치렀습니다. 그중에 13편의 수상작을 가려내는 것은 정말 어려운 작업이었습니다. 아쉽게도 수상을 하지는 못했지만, 너무나 소중한 작품들이 많았습니다. 공모전에 응모하신 모든 작가님들께 감사의 말씀을 전합니다.

　이 책의 13색 역경극복 에세이는 인생의 고난을 마주하는 모든 이들에게 큰 위로와 용기를 선사할 것입니다. 저자들은 자신의 삶 속에서 겪은 수많은 역경을 마주하고, 이를 극복해 나가는 과정을 진솔하게 풀어냈습니다.

그들의 이야기는 단순한 성공담이 아닌, 끊임없는 도전과 성찰의 연속입니다. 우리가 마주하는 어려움은 그저 장애물이 아니라, 성장할 수 있는 기회임을 깨닫게 해주는 이 작품들을 통해, 여러분 또한 스스로의 삶 속에서 빛을 찾는 길을 발견할 수 있을 것입니다.

삶의 여정 속에서 때론 방향을 잃을 수 있지만, 이 진솔한 이야기들은 그 길을 다시 찾아가는 데 큰 도움이 될 것입니다. 한 걸음 한 걸음, 어려움 속에서도 포기하지 않고 앞으로 나아가는 저자들의 용기와 의지에 경의를 표합니다. 그 이야기들은 우리 모두에게 희망의 불씨가 될 것입니다.

권경민
한국출판지도사협회 회장
한국지식문화원 대표

TABLE OF CONTENTS

카이로스엔젤의 용서 〈대상 강경아〉
학교 폭력의 그림자   10
엄마 일어나!   13
희망으로 꽃 피우는 가족의 성장기   16

그리고 모든 것이 달라졌다. 〈금상 김영희〉
맨발로 두 살 아이를 안고   24
끊어진 혁대   27
그리고 모든 것이 달라졌다.   29

한계는 없다-도전으로 이룬 성공 이야기 〈은상 임광숙〉
울지마, 넌 할 수 있어!   38
그래, 모든 것은 내 탓이야!   41
미국? 접시닦이는 못하겠니!   47
엄마, 감사해요!   52

희망은 대가를 치를 때 화답한다. 〈동상 안현숙〉
학비를 못 내던 소녀의 꿈   60
가정이라는 무게는 어른이 마주해야 할 삶의 도전   63
역경 속에서도 희망으로 꽃피워 가는 삶   72

장애인들과 함께 화려한 피날레 〈장려상 강신영〉
좌절로 시작한 인생 2막   78
댄스에서 답을 찾다   82
장애인과 함께 댄스인생의 화려한 피날레   86

결혼이 나에게 준 선물 〈장려상 김준희〉
달콤함이라는 함정   92
아이는 버팀목   95
홀로서기가 필요할 때   104

줏대있는 환자의 슬기로운 투병생활 〈장려상 홍성화〉

생지옥으로 떨어짐   110
지옥보다 더한 지옥에서 전화위복(轉禍爲福)의 기적   114
1213 우리의 승리   120

해리 (DISSOCIATION, 解離) 〈장려상 김현임〉

해리 (dissociation, 解離)   126
해리 2 (해리의 시작)   128
해리 3 (해리의 끝)   135

내 인생 역경은 끝이 아닌, 새로운 시작이었다. 〈장려상 이우자〉

엄마의 눈물, 나의 성공   146
죽음의 늪에서 동아줄 잡던 응급 25시 투병기   150
소중한 내 인생 첫 도전의 길   154

걸으면 살고, 누우면 죽는다! 〈장려상 윤지원〉

끊지 못하는 욕심   162
매일 울고 지내는 날들   164
Just do it! Live Fully 가슴 뛰며 사는 삶   168

내 안의 '성인아이', 토닥토닥 〈장려상 강화정〉

꿈을 잃어버린 신도시   174
상처에는 온기가 필요하다.   177
세상에 흔들리지 않고 피는 꽃이 어디 있으랴   183

폭풍과 함께 혼돈이 찾아왔다 〈장려상 이서미〉

기쁨과 혼돈을 함께 만났다.   190
무너진 자존심과 아름다운 새 생명 탄생   196
딸의 존경한다는 메시지에 가슴이 저려왔다.   201

역경을 넘어야 비로소 인생을 알 수 있다. 〈장려상 김기덕〉

인생의 역경은 누구에게나 닥친다.   206
나는 역경을 어떻게 극복할 수 있었을까?   209
역경을 넘어서야 비로소 인생을 알 수 있다.   217

BEAUTY
IS BORN
FROM
ADVERSITY

대상   강경아 작가

인간은 결함을 안고 태어난다.
실수와 잘못을 용서하는 것은
정말 어려운 일이지만 모두를 위한
아름다운 결정이다.

카이로스엔젤의 용서

용서가 항상 쉬운 것은 아니다.
때로는 상처를 입힌 사람을 용서하는 것이
우리가 입은 상처보다 더 고통스러울 때가 있다.
하지만 용서 없는 평화는 없다.
-마리안느 윌리암슨

학교 폭력의 그림자

평범한 엄마로 일상을 보내던 어느 날 걸려 온 한 통의 전화는 저의 삶을 온통 흔들어 놓았습니다.

"정민이 큰일 날 뻔했어요. 빨리 오셔요!"

아들 친구의 전화에 허겁지겁 달려가 교실 문을 여니 아들은 구석에 웅크리고 앉아 멍하니 바닥을 응시하고 있었고 또래 친구들은 불안에 떨고 있었습니다.

도대체 이게 무슨 상황인지 정신을 차리고 이야기를 들어 보니 정민이가 친구들의 괴롭힘을 견디지 못하고 투신자살을 시도했다는 것이었습니다. 그것도 처음이 아니라 여러 번 시도했다고 했습니다.

여자 친구들이 정민이의 발을 잡고 버틴 끝에 정민이가 멈추고 내려왔다고….

너무 놀라서 심장을 부여잡고 그간의 일들을 상세히 물어보았습니다. 문제의 시작은 중학교 1학년 때 그 아이를 만나고부터였습니다. 그 아이는 가족 내에서 사랑받지 못하고 불만이 많은 상태로 학교에 등교해서 본인의 스트레스를 자신보다 약한 아이들을 괴롭히는 것으로 풀고 있었습니다.

아들은 책상과 의자, 학용품이 이리저리 없어지는 상황 속에서 학교생활을 하고 있었고 이유 없이 맞기도 했다고….

장난이 폭력이 되는 순간 주변의 친구들은 무서워서 거리를 두게 되었고 아들은 그렇게 반에서 섬처럼 고립된 채 폭력의 피해자로 하루하루를 힘겹게 보내왔다는 것이었습니다. 무려 6개월 동안 지속되었다니 기가 막혔습니다.

정민이는 누나와 엄마를 미행해서 가만두지 않겠다고 협박을 일삼던 그 아이의 악행을 홀로 온몸으로 막고 있었습니다. 미치도록 가슴이 아팠습니다.

'어떻게 이런 일이 학교에서 일어날 수 있었을까?'

너무나 화가 나고 참을 수가 없었지만 가장 중요한 건 정민이의 안정이었습니다. 학교 폭력이 확인된 순간부터 아들은 점점 더 변해갔고 분노가 조절되지 않는 상태에 이르렀습니다.

아이의 안정을 위해서 학교 폭력 대책위원회를 열어야 했지만, 그 또한 쉽지 않았습니다. 심의가 열리기를 기다리던 중 아이의 상담 치료를 해주시던 의사 선생님에게서 청천벽력과 같은 진단을 받게 되었습니다.

아이는 더 이상 정상적인 사고를 하기 힘든 정신장애를 앓게 되었고 지적 능력에 치명타를 입게 되었다고 하셨습니다.

'왜 나에게 이런 가슴 아픈 일이 생기는 걸까?'

너무나 원망스러웠습니다. 비참한 현실은 분노조절장애가 인정되고서야 폭대위를 열 수 있었습니다. 군대에 가서 군인이 되고 싶다던 아들인데…. 가고 싶어도 갈 수 없는 곳이 되었고 분노조절장애와 정신건강 문제로 하고 싶은 모든 일에 제약을 받게 되었습니다.

가해자는 강제 전학으로 모든 죄를 용서받았지만, 저는 용서할 수가 없었습니다. 저의 아들은 지적장애인이 되었기 때문입니다. 분하고 억울해서 통곡했습니다. 천벌을 받기를 기도했습니다. 저주란 저주는 다 퍼부었지만, 마음만 황폐해질 뿐 달라지는 것은 아무것도 없었고 아픈 아이와의 하루하루는 저를 지치고 생기를 잃어가게 했습니다.

살고 싶지 않았습니다. 집 밖으로 나가면 쳐다보는 사람들 시선에 불편함을 느꼈고 이웃들의 걱정과 위로도 위선처럼 느껴져서 외부와 일 년이란 시간 동안 단절하고 살았습니다. 걱정해 주는 사람도 싫었습니다. 저의 불행을 보고 뒤돌아서서 아무 일도 없는 듯 웃는 그들을 보며 마음속으로 울부짖었습니다.

'그래. 그러면 그렇지. 너희들이 어떻게 내 맘을 알아? 다 필요 없어….'

엄마 일어나!

저는 점차 웃음을 잃어갔고 폐인처럼 지냈습니다. 이기지도 못하는 독한 술을 마시고 잠들면서 눈뜨지 않기를 바라는 밤이 많아졌고 구체적인 죽음의 방법을 생각하기도 했습니다. 그렇게 위태로운 날들을 보내고 있던 어느 날 아들이 저에게 호되게 소리를 치기 시작했습니다.

"엄마는 나보고는 용기를 내라면서 왜 엄마는 죽으려고 해? 아무것도 안 먹고 누워만 있고 맨날 울기만 하고…."

"내가 장애인이 되어서 그런 거야? 이제 엄마는 내가 싫어?"

순간 정신이 번쩍 들었습니다.

"아니야. 정민아! 엄마는 네가 살아서 함께 있는 것만으로도 좋아. 엄마가 미안해. 진짜…."

아들을 부여안고 눈물이 바다가 되도록 울고 또 울며 다짐했습니다. 다시는 아들 앞에서 약한 모습을 보이지 않으리라 독하게 마음먹었습니다. 정신이 차리고 돌아보니 아들이 엄마를 걱정하는 것이 너무나 당연했습니다. 암막을 친 커튼 너머는 주인을 잃은 가방과 소지품 옷가지가 어지럽게 널려 있었고 먼지가 내려앉은 화장대는 누가 봐도 주인을 잃어버린 방의 모습이었어요.

'무엇부터 바꾸어나가야 할까?'

어두운 방에서 빠져나오듯 부정적인 생각에서 벗어나 조금씩 변화를 시도했지만 쉽지는 않았습니다. 그러다가 운명처럼 죽음학을 공부하게 되었고 죽고 싶었던 시간이 많았던 만큼 죽음학은 저를 사로잡았습니다.

'내가 살아가고 있는 물리적 시간(크로노스)을 감동과 행복의 시간(카이로스)으로 채우려면 어찌해야 할까?'

고민하기 시작했습니다.

"삶이란 죽음을 저 멀리 밀어 놓은 채 영원을 살 것처럼 현재를 살고 있는 것이다!"라고 말씀하신 임병식 교수님의 삶의 역설이 저에게는 큰 울림으로 다가왔습니다.

'오늘이 내 삶의 마지막이 될 수도 있다면? 나는 어떻게 살아야 할까?'

그날부터 아들과 나를 위해서 공부하기 시작했습니다. 그렇게 조금씩 안정을 찾으며 사회복지학, 상담심리학, 평생교육사, 스포츠지도사 등 몸과 마음을 건강하게 할 수 있는 것들을 배워 나가기 시작했습니다. 작은 성취를 이루어 나가는 모습을 축하해주고 독려해 준 고마운 친구와 사랑하는 가족 때문에 점차 일상을 찾아갈 수 있었습니다.

코로나 일상 중 용기를 내서 명지대학교 대학원에 진학하여 상담심리학과 사회복지학을 공부하면서 강사로 활동을 할 수 있는 지경을 넓혀 나갔고 네이버 블로그를 통해서 방문 누적 백만 블로거와 기자 활동으로 행복함도 느낄 수 있었습니다.

무엇보다 엄마의 성장을 응원해 주고 좋아해 주는 아들 때문에 모든 과정을 이수할 수 있었습니다. 남편과 어머니, 딸의 조력이 없었다면 이룰 수 없는 결과였습니다.

그렇게 점차 안정된 일상을 찾아가던 어느 날 또 한 번 저를 뒤흔드는 전화 한 통이 걸려 왔습니다.

희망으로 꽃 피우는 가족의 성장기

　가해자의 누나였습니다. 동생이 정민이에게 용서받지 못할 일을 저지른 후 가족들이 정말 되는 일이 하나도 없다고 시작된 그녀의 넋두리는 알아듣기도 힘들 정도로 술에 만취한 목소리였습니다. 가족 중 아버지가 갑자기 사망했고 본인도 몸이 좋지 않아서 신장투석을 받아야 할 지경이 되었고 온 식구가 정말 저주가 내린듯하다며 제발 용서를 구한다는 막무가내 부탁이었습니다.

　'이게 무슨 경우인가?'

　화가 머리끝까지 날 지경이었지만 흐느껴 울며 던진 그녀의 한마디가 가슴에 꽂혔습니다.

　"정민이는 정민이를 사랑 해주는 가족이 있잖아요! 저희 동생은 모두에게 미움만 받는데…."

　순간 그 아이도 불쌍하다는 마음이 들었습니다.

'아무리 죽을죄를 지었어도 가족만큼은 잘 성장하도록 가르치고 사랑해 주어야 하는 거 아닌가?'

마음이 혼란스러워졌습니다. 가족에게 닥친 불행 앞에서 이성을 잃고 술에 취한 그녀에게 고민 끝에 조용하지만, 단호한 태도로 답을 주었습니다.

"감히 정민이의 허락도 없이 당신 가족의 용서를 구하시나요? 진짜 너무 하시네요. 그러나 불쌍한 그 아이를 위해서 용서하겠습니다. 더는 정민이와 같은 아이가 있어서는 안 됩니다. 그리고 다시는 연락하지 마세요."

그러자

"정말이죠? 감사합니다. 복 받으실 거예요. 정민 군도 건강해지길 빌어요."

그러고는 황급히 뚝 전화가 끊어졌습니다. 순식간에 일어난 일이라 더욱 허탈했고
'과연 내가 진정으로 용서를 할 수 있을까? 용서를 이렇게 쉽게 하다니….'

자책하며 뜨거운 눈물을 흘렸습니다. 그러나 그날 이후 아이러니하게도 강제 용서를 한 뒤 저의 마음과 몸이 조금씩 변화가 오기 시작했습니다. 불면의 밤들이 줄어들기 시작했고 마음에 박힌 얼음이 녹는 것 같은 마음의 변화가 생겼습니다. 누군

가를 매일 미워하고 저주하지 않아도 된다고 생각하니 오히려 평온함을 느끼게 되었습니다.

이율배반의 용서 뒤에 저의 삶은 어떻게 변했을까요?

원망하는 마음을 버리고 온전히 가족과 나를 위해서 집중하고 선한 단체에서 봉사활동도 하고 생명존중 교육과 강사 양성 활동을 하면서 안정을 찾게 되었습니다. 강의를 하면서 만난 여러 어려움에 처한 분들과 진심으로 공감하고 아픔을 위로하면서 저도 함께 슬픔을 치유하고 고통에서 벗어날 수 있었습니다.

희생과 봉사 배려의 마음으로 늘 솔선수범 해주시는 (사)1004클럽나눔공동체 양승수 총재님께 지면을 통하여 존경과 감사의 마음을 전해 드립니다. 또한 한국지식문화원과 한국출판지도사협회에서 작가와 KCN뉴스 보도국장으로 활동을 하며 글쓰기와 사회의 밝은 소식을 전하는 보람으로 활기차게 활동할 수 있게 되어서 고맙습니다.

앞으로도 아들은 정신장애와 투병해야 하고 케어가 필요한 상태이지만 저는 희망을 잃지 않습니다. 어떤 순간에도 세상 엄마 중에서 엔젤엄마가 최고라고 말해주는 아들이 있기 때문입니다.

나의 사랑하는 아들 정민아!
엄마에게 날개를 달아주어서
정말 고마워~
너는 엄마가 사는 세상의 모든 기쁨을
느낄수 있게 만들어준 나의 천사야!

2023년 제1회 전국 장애인 감성시 대회에서 장려상을 수상하여 기쁨과 희망을 갖게 해준 아들의 시입니다.

나의 엄마

신정민

엄마는
나의 창이다!
세상으로
나가게 해주시니까

엄마는
나의 친구다!
내 마음을
가장 잘 아시니까

엄마는
나의 눈물이다!
내가 아프게
했으니까

엄마는
나의 기쁨이다!
제일
웃겨 주시니까

엄마
사랑해요!

BEAUTY IS BORN
FROM ADVERSITY

BEAUTY
IS BORN
FROM ADVERSITY

금상   김영희 작가

지켜야 할 사람이 있다면
용기를 내야한다.

그리고 모든 것이 달라졌다.

고난은 종종 평범한 사람을
특별한 운명으로 준비시킨다.
-CS 루이스

맨발로 두 살 아이를 안고

늦은 밤, 갓난아이와 함께 외식하고 돌아오는 길이었다. 낯선 대리운전기사와 아이 아빠, 그리고 아이를 안고 있는 나는 대화 없이 도로를 질주하고 있었다. 울리는 전화벨 소리. 직장 동료가 접촉 사고가 났다며 그대로 차를 세워 내린다. 덩그러니 남은 아이와 나.

그리고,
잦은 외박,
가끔의 폭력.
칼부림이 날 때까지는 참고 참았다.

짐승의 눈으로 내 목을 조르고, 칼을 들어 복부를 향해 내려찍으려는 순간, 아이의 희미한 목소리가 들린다.
"아…빠…."
서서히 사람의 눈으로 돌아오고 칼을 그대로 쥔 채, 작은방으로 들어가 누군가와 통화한다.

방에 누워있는 아이를 들쳐 안고 맨발로 5층 계단을 뛰어 내려왔다. 무슨 정신으로 아이가 있는 곳까지 갔는지, 택시는 어떻게 잡아 탔는지, 목적지가 어디라고 말했는지 기억이 혼미하다. 얼마나 시간이 지났을까? 친구 집 안방 바닥에 아이를 겨우 눕힐 수 있었다.

아직도 그날의 악몽이 살아 있다. 손을 떨지 않고, 울지도 않고 이야기할 수 있게 된 지 얼마 지나지 않았다. 이해해 보려고 애썼다. 단지, 제발 그에게서 벗어나고 싶었다. 그래야 내가 살고 아이가 제대로 살아갈 수 있을 것 같았다.

며칠 뒤, 엉망이 된 그 집에서 간단한 짐을 챙겨 나왔다. 그리고 다시 그 집으로 돌아가지 않았다. 잘못했다는 말, 다시는 그러지 않겠다는 그의 말도 믿지 않았다. 심장이 떨리고 손이 떨려 그의 목소리조차 치가 떨렸다.

"젊었을 때 나도 그리 살았다. 네가 좀 참아라. 그러다 만다."

"맞지! 이모 고생 많았지. 내가 봤지. 그래도 나는 그렇게 못 살아."

"한 번 용서해 주고 들어가거라. 그래도 착한 사람이다."

가난한 집, 무남독녀로 태어나 먹고 싶은 거, 입고 싶은 거, 마음대로 하진 못했지만, 사랑만큼은 듬뿍 받고 자랐다. 그런데 이혼 앞에서 사랑하는 우리 아버지도 남자 편.

아버지 말을 듣지 않았다. 어머니는 침묵. 그저 묵묵히 지켜봐 주셨다. 속이 얼마나 썩어 문드러졌을까? 어렵게 얻은 귀하디귀한

외동딸이 목에 멍이 들고 머리에 혹이 나고 어깨에 시퍼런 자국을 달고 돌아왔으니….

그렇게 뜨거운 8월이 지나고 찬바람이 스며드는 한겨울, 이혼이 마무리되었다. 그날, 소주병을 들고 그대로 삼키신 어머니는 울며 불며 넋두리하셨다.

"내가 어떻게 했는데. 부모 없는 고아, 받아주고 아들처럼 대했는데 어디서 내 딸을!"

처음으로 술을 드시고 주정하시며 나오는 본심이 가슴 아팠지만 가장 큰 위로였다.

'그래, 엄마. 우리 엄마.'

다음 날, 아무 일도 없다는 듯이 손녀를 돌보시고 평소와 다를 것이 없다. 엄마는 강하다. 나 역시 출근하고 돌아와 함께 밥을 먹고 아이를 챙기고 변함없는 생활을 이어갔다.

언제까지 부모님께 신세를 질 수 없어 집을 알아보고 작은 아파트로 이사를 했다. 아이와 나의 독립이 시작된 것이다. 나는 3살 아이를 홀로 키우는 이혼녀가 되었다. 지금에 와서야 당당히 말할 수 있지만, 그때는 누가 물어오기 전까지는 이야기하지 않았다. 침묵이 때로는 거짓이 되기도 했다.

끊어진 혁대

반년 뒤쯤인 것으로 기억된다. 한없이 눈물이 흐르고 술을 마시면 죽고 싶다는 생각이 문득 들었다. 결국, 아버지의 오래된 혁대에 목을 감고 말았다. 우울증이 찾아온 것이다. 다행히 낡은 혁대가 끊어지면서 바닥으로 내동댕이쳐진 나는 꺼이꺼이 울며 잠들었다.

이후 중증 우울증과 불안장애를 진단받았다. 다섯 발을 연이어 걷지 못하고 뒤를 돌아볼 만큼 증세가 심했는데 왜 몰랐을까? 눈물이 쉴 새 없이 흘렀는데 나는 왜 알아차리지 못했을까? 마음에 병은 그렇게 갑자기 찾아왔다.

아마도 힘들어서, 당연히 힘든 일이라 생각해서 그때는 몰랐을 것이다. 이혼이 뭔지 사람을 그렇게 아픔으로, 두려움으로, 우울로 물들게 한다. 이혼이 뭐라고, 한부모 가정이 뭐라고!

이대로는 죽을 것 같아서 이혼을 선택했지만, 또 다른 두려움이 도사리고 있었고 혼자서 감당해 내야 한다는 압박감이 숨을 쉴 수 없게 만들었다. 늙고 병든 부모, 어린아이, 경제적 부담감이 자꾸만 가슴을 짓눌렀다.

그렇다고 이혼을 후회한 적은 단 한 번도 없다. 잘한 선택이었고, 덕분에 진정한 나를 찾을 기회가 생겼다. 아픈 나를 돌아보기 시작했고 극복하려고 노력했다. 내가 할 수 있는 일을 찾는 것을 멈추지 않았다.

키우고, 배우고, 가르치는 일을 놓지 않았다. 내가 좋아하는 일이 무엇인지도 찾아냈다. 배움의 호기심을 잃지 않은 것이 얼마나 다행인지 모른다. 배우고 또 배우고, 읽고 또 읽었다. 마침내 나는 쓰기 시작했다. 쓰니 엮고 싶어졌다. 결국, 나는 작가가 되었다.

아픈 엄마가 아이를 더 잘 키운다. 무엇이 중요한지 본능적으로 알아채기 때문이다. 이 순간이, 이 행복이 얼마나 찰나인 줄 알고, 아이의 웃음이 100점 시험지보다 소중한 것을 안다. 아파 본 사람이 아픈 사람의 마음을 안다.

그리고 모든 것이 달라졌다.

　살기 위해 이혼을 선택하든, 불편해도 함께 하기를 선택하든, 결국은 더 나아지기 위한 선택이어야 한다. 용납할 수 없는 요구를 참아내지 말고 자신의 목소리를 내며 싸워서라도 조율해 가며 살지 않는 이상, 결국은 황혼이혼이라도 하고야 만다.

　함께 하기를 선택했다면 조금씩 달라져야 한다. 서로를 배려하고 난 불편하지만, 상대가 원하면 기꺼이 해주는 마음도 필요하다. 단, 그 마음을 솔직히 이야기해야 한다. 그러다 보면 진심으로 상대를 이해하게 되고 서로가 함께 원하는 방향으로 나아갈 수 있다.

　이혼을 선택했다면 무소의 뿔처럼 혼자서 나아가야 한다. 더 나은 방향으로 갈 수 있다. 이 방향이 아니면 다른 방향으로 빠르게 바꾸는 것이 가능하다. 왜냐하면 혼자이기 때문이다. 내 길을 내가 정할 수 있게 된다. 당연히 책임도 내가 진다.

이혼 후, 모든 결정은 내가 했다. 아이의 육아도, 나의 진로도. 선택의 자유가 있다는 것은 살아 있다는 증거다. 시키는 대로, 정해진 대로 살아가다 보면 살아지는 대로 생각하게 된다. 나에게 수동적 삶은 곧 죽은 삶이다.

사람은 누구나 흔들리며 살아간다. 한 번도 흔들리지 않고 살아간다면 그것은 행운일까? 실패의 경험은 나를 만들어 준 하나의 거름이었다. 실패가 실패로 남지 않도록 해준 가장 큰 지원자는 바로 나의 첫 아이, 첫딸이다.

나의 친구이고 스승이며 엄마인 딸아이, 지금도 내가 옳은 방향으로 걸어갈 수 있도록 도와주는 나의 기수다. 혹자는 말한다. 엄마는 아이의 길을 열어주어야 하고 등불이 되어주어야 하며 언제나 그 자리에서 기다려야 한다고. 틀린 말은 아니다.

하지만 엄마도 흔들리며 기다릴 수 있다고 믿는다. 엄마도 사람이고 꽃처럼 흔들리며 피는 존재다. 엄마도 아이에게 기댈 수 있고 아이를 보고 배울 수 있으며 아이와 함께 성장할 수 있다. 때로는 아이보다 천천히 자신만의 속도로 갈 수 있고 많이 처진 엄마의 손을 아이가 잡아줄 수도 있다고 믿는다.

그렇게 나는 아이와 함께 한발 한 발 이곳까지 왔다. 내가 나를 사랑하는 힘이 없이도 아이를 사랑하는 힘으로, 아이가 나를 기다려 주고 끌어주는 힘으로 이곳까지 무사히 왔다. 그래서 아이는 나의 스승이고 친구이고 엄마다.

내 아이가 엄마를 믿고 기다리는 진정한 사랑을 쓰레기통에 던지고, 다시는 꺼내지 않으려 했다. 내 부모님의 깊은 사랑이 소중한 아이를 살리고 덕분에 나까지 살렸다. 내가 미친 듯 방황했던 1년 동안 부모님도 많이 지치셨지만, 결단코 놓지 않았던 손녀 사랑, 그 덕분에 우리가 여기에 있다.

또 하나의 사랑, 내가 찾으면 한숨에 달려와 준 고마운 사람이 있었다. 하필 내가 제일 아플 때 내게 온 덕분에 그 사람은 한없이 버려지고 차였다. 참 많이도 힘들게 했다. 나 하나도 어찌지 못하는 사이에 다른 사람을 마음에 들일 여유가 남아 있지 않다는 이유로 늘 화내고 무시했다.

사라지고 숨기도 여러 번, 결국 그 사람은 나를 떠날 채비를 하고 있었다. 턱하고 숨이 막혔다. 아무것도 남아 있지 않다고 생각했고 마음속에 더 이상 비집고 들어올 자리가 없다고 믿었는데 갑자기 큰 공간이 생겨버린 후 에너지 파장이 나를 너무 크게 흔들어버렸다. 그리움으로 가득 찬 마음과 영혼이 내 심장을 높은 밀도로 조여오고 있었다.

내가 약의 힘으로 잠을 자고 점점 더 의지하고 있을 때 그가 말했다.

"이제 약 없이 잠을 자야 해. 내가 도와줄게. 이제 끊어보자. 재밌는 이야기도 하고 기분 좋았던 때도 떠올려 보자"

그렇게 나는 이틀 밤을 뜬눈으로 지내고 사흘째 되던 날 졸고 깨기를 반복하다 나흘째 되던 날 드디어 잠이라는 것을 잤다. 깨지 않고 4시간 정도 잔 것 같다. 그 이후로 나는 약 없이도 잠을 잘 수 있었다.

그 사람 덕분에 나는 약 없이도 꿈을 꿀 수 있고 개운하게 아침을 맞이할 수 있게 되었다. 그는 나를 약으로부터 구했고 일상을 찾아주었고 다시 사람 구실을 하게 만들어 주었다. 그는 내 삶의 은인이다. 세상에서 가장 소중한 걸 선물한 산타할아버지 같은 존재다.

4년 뒤, 재혼했다. 내가 선택했고, 아이에게도 선택권을 줬다. 남편을 그대로 삼촌이라고 불러도 되고 아빠라고 불러도 된다고 했다. 아이는 그동안 아빠라고 부르고 싶었다고 고백했다. 우리 모녀는 그렇게 스스로 선택하는 삶을 살고 있다.

재혼 10년 차, 우리는 더 나아지고 있다. 서로의 감정을 더 잘 이야기하고, 원하는 것이 있으면 즉시 소통한다. 언제나 서로가 함께 원하는 바를 이룰 수는 없다. 단지 소통으로 간격을 좁혀가며 맞춰갈 뿐이다.

나의 남편은 두 아이의 아빠로 든든하게 자리하고 있다. 어떤 일이 있어도 흔들리지 않고 떡하니 버텨낼 사람, 어떤 시련이 와도 가족을 지켜낼 사람이다. 지금도 미안하고 고마운 나의 은인이다.

우리가 살아가는 이유가 뭘까? 사람은 행복하기 위해 산다. 그럼, 행복은 뭘까? 심리학의 대가 서은국 교수는 〈행복의 기원〉에서 '행복은 사랑하는 사람과 밥을 먹는 것이다.'라고 했다. 그 말에 전적으로 동의한다.

살면서 수없이 많은 선택을 한다. 아침에 눈을 뜨면서 5분을 더 잘 것인지부터 몇 시에 잘 것인지까지. 그 사이 간격이 길어질수록 더 많은 선택을 해야 한다. 이혼도 그중 하나다. 너무 쉽다고? 해보니 그렇다.

죽을 것 같지만 참고 살아도 되지 않았을까? 타인의 수많은 조언처럼 살아지지 않았을까? 어른들의 조언을 들었다면 어쩌면 더 잘살고 있지는 않았을까? 글쎄, 모를 일이다.

이혼을 선택했고 삶은 이어졌다. 잘살고 있고 잘살 것이다. 그럼 되지 않았나? 이러쿵저러쿵할 것 없이 삶에서 최선을 선택하며 살면 그뿐이다. 최선을 선택하고 책임지며 사는 어른의 모습으로 말이다.

내 삶은 이혼 이후, 모든 것이 달라졌다. 감당하기 힘들었던 허물을 벗어 던지고, 다른 세상으로 건너와 작가로 살고 있다. 삶의 경험을 엮어내고, 또 다른 작가를 만나며 함께 어울려 인생이 이어진다. 나를 살린 배움이 모든 것을 바꾸어 놓았다.

BEAUTY
IS BORN
FROM
ADVERSITY

은상　임광숙 작가

Life is not a problem,
but a challenge.
(인생은 고행이 아닌, 도전이다.)

한계는 없다
도전으로 이룬 성공 이야기

"위대한 일을 이루기 위해서는
행동하는 용기가 필요하다."
- 빈스 롬바르디 (Vince Lombardi)

프롤로그: 도전의 시작

　나의 삶은 도전과 극복의 연속이었다. 어릴 적부터 많은 역경에 부딪혔고, 그 순간마다 포기하지 않고 앞으로 나아갔다. "내 한계는 내가 정하는 것이고, 도전만이 있을 뿐이다."라는 신념은 나의 삶을 이끌어 준 힘이었다. 이 신념은 단순한 문장이 아니라, 내 삶의 철학이자 원동력이었다.

　원치 않는 상황과 환경을 만날 때, 때로는 힘겨워 눈물도 흘리고 좌절도 했지만, 그럴 때마다 내 안에서 들려오는 한목소리가 있었다. "포기하지 마라. 너의 한계는 네가 정하는 것이다." 이 목소리는 나를 다시 일으켜 세우고, 새로운 도전을 향해 나아가게 했다. 도전이 없었다면, 나의 삶은 지금과는 전혀 다른 모습일 것이다. 도전은 나를 성장하게 했고, 나의 인생을 더욱 풍요롭게 만들었다.

　나의 어려웠던 이야기를 나눌 때 어떤 이들은 뒤에서 부정적으로 이야기하고 가십 한다는 것을 나는 이미 경험했다. 그러나, 나는 이 모든 공감력 없는 부정적인 소리에 굴하지 않는다. 왜냐하면, 나의 이야기를 숨김없이 세상에 내놓을 때, 그것은 나만의 고유한 용기와 힘을 드러내는 것이기 때문이다. 나의 경험은 다른 이들에게 희망과 영감을 줄 수 있으며, 그들 역시 자신의 어려움을 극복할 수 있다는 믿음을 심어줄 수 있다고 생각한다.

진정한 변화는 솔직한 이야기에서 시작된다. 나의 이야기는 고통을 겪는 사람들에게 등불이 될 것이며, 그들에게 용기를 불어넣을 것이다. 나는 부정적인 평가를 두려워하지 않는다. 오히려 그 평가를 딛고 일어서 더욱 강해질 것이다. 나의 이야기는 단순한 과거의 기록이 아니라, 미래를 향한 도전의 선언이다. 세상은 나의 진솔한 이야기를 통해 더 나은 방향으로 변화할 것이며, 나는 그 변화를 이끌어갈 것이다.

이 책을 통해 나는 나의 쉽지 않았던 인생 이야기와 도전의 가치를 나누고자 한다. 나의 이야기가 다른 사람들에게도 용기와 희망을 줄 수 있기를 바란다. 도전의 길은 절대 쉽지 않지만, 그 길 끝에는 분명히 보람과 성취가 기다리고 있다. 어떤 이들은 도전을 두려워하고 피하려 한다. 그러나 나는 도전이야말로 우리를 진정한 성취로 이끌어 주는 힘이라고 믿는다. 도전을 통해 우리는 자신의 한계를 극복하고, 더 나은 자신을 만들어 나갈 수 있다. "내 한계는 내가 정하는 것이고, 도전만이 있을 뿐이다."라는 신념을 가지고, 나는 앞으로도 끊임없이 도전할 것이다.

울지마, 넌 할 수 있어!

*"성공은 최선을 다해
목표를 향해 달려가는 과정에서 찾아온다."
- 헨리 데이비드 소로 (Henry David Thoreau)*

　나는 유교 사상을 신봉하던 아버지의 영향으로 학창 시절 아들과 딸로 구별을 당하며 자랐다. 내 아버지는 1915년생으로 일제강점기와 6·25 동란을 겪어낸 분이다. 많은 자녀를 둔 덕에 생활은 언제나 여유가 없었다. 그런데도 아들들은 초등학교 5학년을 마치면 살던 충청도에서 인천으로 유학 보내 1년간 인천 생활에 적응하게 하고 좋은 중학교에 진학할 수 있게 했다. 그러나 딸인 언니와 나는 아예 대학에 보낼 생각을 하지 않으셨다. 그래서 나는 공부를 잘했음에도 불구하고 인천에 있던 공립 상업 고등학교에 보내졌다. 아버지의 뜻에 따라 상업 고등학교에 진학한 일은 내게 쉬운 일이 아니었다. 대학에 갈 수 없다는 현실은 많은 좌절과 열등감을 가져다주었다. 내성적이었던 나는 그러한 내 심정을 누구에게도 토로하지 못하고 혼자 마음속으로 울음을 삼키며 살았다.

그러나, 나는 상업 고등학교에서 최선을 다해 공부했다. 성실하고 단정한 나를 선생님들은 모범생이라 불러주었고, 반장도 하고, 빨리 좋은 대기업에 취직할 수 있는 자격증과 성적을 유지하고 있었다. 하지만 내 꿈은 단지 상업 고등학교를 졸업하고 직장에 취직해 혼수 장만해서 결혼하는 것에 머물러 있지 않았다. 나는 대학에 진학하기로 결심했다. 방법을 모르던 어린 나에게 고3 담임선생님은 현실 가능한 조언을 주셨고, 부모님의 경제적 지원을 받을 수 없었던 나는 낮에는 직장에서 일하고, 저녁에는 공부를 병행할 방법을 찾아 고3 2학기부터 서울에 있던 한 대기업에 취직하게 된다.

이렇게 직장인으로 일하며 학사 학위와 석사 학위를 취득했다. 이 과정은 절대 쉽지 않았다. 매일 피곤함에 지쳐갔지만, 포기하지 않고 목표를 향해 나아갔다. 나는 직장과 학업을 병행하며 많은 어려움을 겪었다. 격한 근무에서 오는 피로로 눈 수술을 해야 했고, 퇴근 후 늦은 수업참여로 대학 1, 2학년 때는 성적관리도 제대로 할 수 없었다. 시간 관리가 가장 큰 도전이었다. 낮에는 직장에서의 업무에 집중해야 했고, 저녁에는 학업에 집중해야 했다. 하지만 나는 끊임없이 스스로를 독려하며 이겨냈다.

나는 "나의 한계는 내가 정하며, 누구도 나를 제한할 수 없다."는 신념을 가지고 있었다. 결국, 나는 학사 학위와 석사 학위를 취득하고 졸업한 대학에서 3년간 조교로 근무할 기회를 얻었다. 이 경험은 내게 큰 자신감을 주었고, 더 큰 도전을 향해 나아갈 수 있는 발판이 되었다. 나는 자신의 가능성을 믿었고, 그 믿음은 나를 성공으로 이끌었다. 이 첫 번째 도전을 통해 나는 내 삶의 주인이 내 자신임을 깨달았다. 아무리 힘든 상황에서도 포기하지 않고 도전하면, 결국 원하는 목표를 이룰 수 있다는 것을 배웠다. 또한, 이 경험은 나에게 큰 자산이 되었고, 인생 살아가며 다가온 새로운 도전에서도 나를 지탱해 주는 힘이 되었다.

대학원을 마치고 남편과 결혼 후 박사과정에 들어가려고 계획 임신을 했다. 아들은 12월 26일에 태어났고, 몇 개월 출산 휴가를 마치면 3월에 박사과정을 할 수 있겠다고 생각했다. 그러나 나는 대단한 모성본능을 갖고 있었고, 시댁이나 친정 부모가 연로해 어린아이를 맡길 형편이 못되었다. 고민하는 나에게 남편은 5살까지 아이를 잘 키워 놓고, 박사과정에 들어가면 모든 후원을 해주겠노라 약속했다. 그의 말은 마치 꿀을 핥는 것만큼이나 달콤했다.

임신 중 난생처음으로 한가한 시간을 보낼 수 있었다. 초등학교 때 그렇게 배우고 싶었던 피아노 레슨을 임산부가 되어 받을 수 있었다. 동네 아주머니들이 불러주는 점심식사 자리에 초대되어 비빔국수며 칼국수를 먹으며 하루를 보내는 날도 있었다. 그러나 나는 그들 사이에서 온전히 동화되지 못하고, 언제나 서성거리는 기분이 들었다.

그래, 모든 것은 내 탓이야!

"어려움은 극복하기 위해 있는 것이다."
- 알버트 아인슈타인 (Albert Einstein)

비슷한 시기에 같은 아파트에 네, 다섯 집에서 아이들이 태어났다. 우리 아들과 비슷한 나이의 아이들과 함께 키울 수 있어 또래 집단 형성에 많은 도움이 되었다. 그 와중에 나는 백일 된 아들을 띠로 매서 안고 당시 중앙도서관에서 열었던 주부 대상 무료 영어 교실에 등록해 참여했다. 내 전공은 국어학으로 집에서 아이 키우는 데 집중해 있자니, 5년 후 국어학으로 박사과정에 들어가는 게 맞는 것인가? 하는 생각이 들고, 실용학문을 하고 싶다는 생각이 들었다. 막연하지만, 공부를 계속해서 얻는 효용성에 대해 진지하게 생각하는 기회를 갖게 되었다.

미국에서 10년간 유학하고 돌아온 강사는 회화 위주 영어로 기본이 없었던 나의 영어 실력을 단단하게 바로잡아 주었다. 이것을 기회로 영어에 재미를 붙인 나는 SDA 영어학원에 등록하여 1년간 대학생들과 나란히 영어회화를 공부해 전 과정을 졸업하고, 이어서 숙대 대학원 TESOL 과정에 등록하여 재미있게 이 과정도 마치고 자격증을 얻게 된다.

그러나 인생은 언제나 순탄한 길만 있는 것은 아니다. 꿀처럼 달콤한 시간은 오래가지 않으며, 예기치 않은 어려움이 불쑥 찾아오기도 한다. 이러한 역경과 시련은 우리를 시험하고, 때로는 좌절하게 하지만, 그것이 바로 삶의 본질이다. 어려움 속에서도 우리는 성장하고, 더 강해질 기회를 얻게 된다. 인생의 진정한 가치는 바로 이런 순간들을 어떻게 극복하느냐에 달려 있다.

1997년 대한민국 국가 부도 사태인 IMF가 시작되고, 컴퓨터 전문점과 학원, 그리고 무료 광고신문사를 운영하고 있던 남편의 사업이 하나씩 연이어 실패로 돌아가자 우리 가족은 큰 경제적 어려움에 직면케 된다. 당시의 상황은 정말 암담했다. 우리는 살던 집을 팔고 전세로 나 앉아야 했고, 힘든 상황에서 가족 모두가 큰 스트레스를 받았다.

처음엔 남편을 원망했다. 마음속에 남편을 향한 미움이 가득 차니 사는 게 너무 힘들었다. 그래서 마음을 바꿔 먹기로 하였다. 영어 공부하느라 남편 사업에 관심을 두지 않았던 나에게도 잘못이 있는 거라고 생각하고, 매일 내 탓이요를 되뇌며 남편을 원망하고 미워하는 대신, 축복하기로 하고 기도를 시작했다. 한편으론 좌절하는 대신 가족을 위해 내가 할 수 있는 모든 것을 다해야 한다고 결심했다. 나는 숙명여대 대학원에서 취득한 TESOL 교사 자격증을 활용하기로 했다. 시사영어사에 영어 강사로 시작하여 경력을 쌓은 후, 초등학교와 중학교에 영어 강사로 출강하기 시작했다. 초등학생들에게 영어회화를 가르치기 시작한 것은 1997년부터이다. 이 정책은 김영삼 대통령 시기에 수립된 것으로 영어교육을 강화하려는 방편으로 중학교에서부터 시작했던 영어교육을 초등학교 3학년부터 회화 위주의 교육으로 가르치게 했다. 처음에는 낯선 환경과 새로운 학생들 앞에서 강의해야 한다는 것이 부담스러웠지만, 이를 극복하기 위해 최선을 다했다. 매일 새로운 강의 자료를 준비하고, 학생들에게 더 나은 수업을 제공하기 위해 끊임없이 노력했다.

이와 동시에, 한국어를 배우고자 하는 외국인 강사들에게 한국어를 가르치는 일을 병행했다. 문법 위주의 영어교육을 받았던 학생들에게 영어회화를 가르치기 위해 많은 외국인이 한국에 와서 영어를 가르치기 시작했는데 그들에게 한국어를 가르치는 것은 나에게 새로운 기회였다. 나는 이 기회를 놓치지 않고, 외국인 강사들에게 한국어를 가르치며 경제적 어려움을 극복해 나갔다. 이 과정에서 나는 많은 것을 배웠다. 첫째, 어떤 어려움이 닥쳐도 포기하지 않고 노력하면 결국 길이 열린다는 것이다. 둘째, 자신의 능력을 최대한 활용하면 어떤 상황에서도 살아남을 수 있다는 것이다. 마지막으로, 가족을 위해서라면 어떤 어려움도 견딜 수 있다는 것을 깨달았다. 끊임없는 노력과 도전이 나를 다시 일어설 수 있게 했다. 나는 경제적 어려움을 극복하며 가족의 생계를 책임질 수 있게 되었다. 이 경험은 나에게 큰 자신감을 주었고, 앞으로의 도전에서도 나를 지탱해 주는 힘이 되었다. 나는 이제 절대 경제적 어려움에 굴복하지 않을 것이며, 어떤 상황에서도 극복할 힘을 가지게 되었다.

이러한 나의 노력에 대한 보상은 경제적인 면에서뿐 아니라, 나 자신의 성장과 자녀교육에도 큰 영향을 주게 된다. 나는 매일 학교에서 학생들을 가르치고 돌아오면 그들을 가르치며 느꼈던 면면들을 내 자녀에게 공감으로 적용하며 교육할 수 있었다. 특별히 영어회화는 자녀의 눈높이에서 자녀와 함께 늘려갔다.

한편, 경제적으로 큰 어려움을 겪다 보니, 신앙에 더욱 열심을 내게 되었다. 가장 어려웠던 시간을 학교, 집, 교회를 오가며, 차를 운전하며 기도하고, 주일예배는 물론이고, 금요 철야, 새벽예배를 지키며 그 은혜 속에서 어려움을 이겨나갔다. 새로 이사한 신도시 옆에 있던 공단지역을 토요일 저녁마다 방문해 외국인 노동자들의 어려움과 필요를 묻고, 일요일에 그들을 교회로 데리고 가 아픈 이에게는 약을 처방받게 하고, 어려움이 있는 이에게는 해결할 방법을 교회 리더들과 상의했으며, 예배 후 점심밥을 함께 먹고 그들의 숙소까지 데려다주는 일을 매주 반복했다. 내가 느끼는 마음의 평화와 기쁨을 온 세상 사람들에게 전하고 싶은 생각으로 충만했다. 물론, 한국어 교실을 열어 그들에게 한국어를 가르치는 일도 병행했다.

이렇게 외국인 영어 선생들과 외국인 노동자들과 함께 생활하다 보니, 외국인 울렁증이 말끔히 사라지고, 우연한 기회에 인천 시청에서 뽑는 인천시 명예 외교관에 이력서를 내 합격하게 된다. 외국에서 선박이 들어오거나, 외국인을 안내해야 하는 일이 있을 때 그들을 만나 대화를 나누는 그런 일들이 주어진 일이었다. 시청에서 관리하는 외국인들이니 주로 공적인 관계에 있는 외국인들이었다. 이런 경험과 이력은 생각지도 않았던 미국 이민 후 빠른 시간 안에 낯선 나라와 환경에 적응할 수 있는 요인으로 작용하게 된다.

인간사 새옹지마라고, 유교 걸로 자라, 순수학문에만 관심 있고, 경제관념이 전혀 없었던 나는 남편의 사업실패와 경제적 어려움을 통해, 비로소 재테크에 관심을 갖게 된다. 결혼 후 무난하게 살고 있던 딸이 경제적으로 어려움을 겪으며 사는 모습이 딱했던 엄마는 수중에 있던 돈 약간을 건네준다. 아버지 살아생전 아들들에게만 유산 상속을 해줬을 때, 나는 많은 상처를 받았었다.

"아버지, 딸도 자식입니다!"
소리쳐도 보았지만, 아버지는 철옹성 같았다. 이때 받은 상처를 아는 엄마가 조금은 치유해 주었다.

이때 엄마에게 받은 종잣돈으로 당시 재개발 예정이었던 구월 주공 소형 아파트를 전세 끼고 살 수 있었다. 이어서 새로 대단지를 구성한 연수 신도시 지역에 집값이 많이 내려가 있는 것을 보고, 전세금을 빼고 은행 융자를 얻어 아파트를 사들이는 용기를 내었다. 지금 생각하면 궁하면 오히려 살길을 찾는다는 말이 맞았던 거 같다. 경제적으로 남편에게 전적으로 의지만 하고 살았던 내가 이때 어려움을 겪지 않았다면 스스로 재산을 불릴 엄두를 내지 못했을 거로 생각하니 그때 그 어려움이 나를 모든 면에서 성장시킨 원동력이었음을 다시금 깨닫게 되고 감사를 하게 된다.

이렇게 어려운 시기를 이겨내고 다시 자신감을 찾을 즈음, 미국에 살고 있던 오빠 집에 방학을 이용해 잠시 방문하는 기회를 얻게 된다. 함께 갔던 아들은 사촌들과 술래잡기 놀이를 하고, 푸른 잔디밭에서 뛰어놀고, 사슴과, 다람쥐, 토끼들을 보며 미국 사랑에 빠지게 된다.

"엄마, 나 미국에서 살고 싶어!"

아들의 말은 내 가슴에 깊이 파고들었다. 많은 생각이 교차했다. 이민은 결코 쉬운 일이 아니었다. 낯선 땅, 언어의 장벽, 그리고 안정된 생활을 포기해야 하는 두려움이 있었다. 그러나 나는 아들의 미래를 위해 결심했다. 더 나은 기회를 주고 싶은 마음이 모든 두려움을 이겨냈다. 이민의 길이 험난할 것을 알지만, 아들의 꿈을 위해 나는 어떤 어려움도 감수할 준비가 되었다. 그의 눈에서 빛나는 비전을 보며, 나는 마음속으로 다짐했다. '그래, 접시는 못 닦겠니? 우리는 함께 이겨낼 거야.'

미국? 접시닦이는 못 하겠니!

"어둠 속에서 별을 보는 법을 배운다."
- 마틴 루터 킹 주니어 (Martin Luther King Jr.)

자녀의 더 나은 미래를 위해 우리는 미국 이민을 결행한다. 낯선 외국 땅에서의 생활은 절대 쉽지 않았다. 새로운 환경, 언어, 문화 모든 것이 우리를 힘들게 했다. 하지만 나는 다시 한번 도전에 나섰다. 우리 가족이 새로운 땅에서 성공적으로 정착할 수 있도록 최선을 다했다.

말이 씨가 된다고 처음에 한 레스토랑에서 카운터 퍼슨으로 일하며 접시닦이도 손수했다. 한국에서는 꼭 끼던 고무장갑도 없이 한겨울에 찬물로 접시를 닦자니 손이 빨갛게 텄다. 계속 이렇게 살 수는 없겠다고 생각하고 우리에게 맞는 비즈니스를 찾기 위해 거의 1년 반의 시간을 보냈다. 미국에서의 첫 번째 도전은 드라이클리닝 플랜트 비즈니스였다. 처음에는 모든 것이 낯설고 힘들었지만, 끊임없는 노력과 성실함으로 사업을 성장시켰다. 남편과 나는 고객들에게 최고의 서비스를 제공하기 위해 노력했고, 그 결과 많은 고객의 신뢰를 얻을 수 있었다.

어느 날, 건물 뒤 주차장 끝 뒷건물과 경계에 심겨 있던 무궁화 나무 두 그루 중 한그루를 남편이 열심히 파서 사람들 왕래가 잦은 건물 앞에 구덩이를 파고 옮겨 심는 것을 보게 된다. 나는 소스라치게 놀라, 건물주 허락 없이 그러면 안 된다고 하니, "이곳에서 무궁화 꽃을 피우고야 말 거야!"라고 결연히 말하며 아랑곳하지 않는다. 그때 나는 속으로 "언제 그런 시간이 올까?" 했다. 마가렛 대처는 이런 말을 했다. "생각은 행동으로 이어지고, 행동이 습관이 되며, 습관이 우리의 성격을 형성하고, 성격이 우리의 운명을 만든다."

그의 긍정적이고 소망에 찬 생각은 뒤뜰에 심겨 있던 무궁화 나무를 사람들이 잘 볼 수 있는 앞뜰로 옮겨심게 했고, 때에 맞춰 추림을 해주고 관리를 해줌으로 해마다 더욱 풍성한 꽃을 피우게 하고, 그런 행보와 함께 세탁 공장이 있는 그 건물을 마침내 우리 소유로 매입함으로 그곳에서 꽃을 피우는 열매를 맺게 한 교훈을 보여주었다.

그래서 우리는 매일의 삶 속에서 작은 생각부터 긍정적이고 생산적인 것으로 선택해야 하고, 희망차고 큰 꿈으로 미래를 바라봐야 한다. 그때 그렇게 심어진 무궁화 나무에서 씨를 받아 정원에 무궁화 나무를 심기 시작했다. 지금은 건물 앞쪽 정원 양쪽 끝에 균형을 맞춰 정원수로 심겨 있고, 건물 뒤쪽 정원은 형형색색의 무궁화 나무들로 채워져 해마다 6월부터 11월까지

긴 시간 풍성한 꽃을 피워 벌과 나비가 날아들고 오가는 사람들에게 큰 기쁨을 주고 있다.

먼저 시작한 세탁 비즈니스가 자리 잡을 즈음 예기치 않은 행운이 찾아왔다. 턱시도 대여 후 세탁을 위해 협업하고 있던 거래처 사장으로부터 상상할 수 없는 좋은 조건에 그들의 사업을 인수하지 않겠냐는 제안이 들어왔다. 턱시도를 사거나 대여하는 일은 미국 사람들 일생에 몇 번 안 되는 중대한 행사를 위한 것이리라. 그런 그들이 영어도 잘 안되고, 미국 문화나 풍습에 대해 전혀 모르는 갓 이민 온 사람들에게 그 중요한 임무를 맡기겠는가?

이런 이유를 대며 난색을 보이니, 어차피 본인은 은퇴할 때까지 어디서 일해야 하는 데 도움이 필요하면 도와주겠노라 한다. 큰 기대 없이 매매 가격을 물어보니 터무니없는 가격을 말한다. 원래 숫자에 약한 데다 잘 못 들었나 해서 다시 물으니 들려오는 숫자에 가슴이 철렁 내려앉는다. 너무 싸도 놀랄 수 있다는 걸 알았다.

완전 행운이었다. 그렇게 턱시도 세일과 렌탈 비즈니스를 시작했다. 턱시도 사업에 문외한이었던 우리에게 거의 30년간 그 커뮤니티에서 독보적인 존재감을 가져온 업체 사장이 우리를 위해 매니저로 일하게 되었고, 우리 부부는 작은 인수자금으로 어려움 없이 결혼식, 프롬파티 등 다양한 행사를 위해 턱시도 판매와 대여를 해주며 비즈니스를 확장해 나갔다. 때로는 언어의 장벽으로 인해 고객들과의 의사소통이 어려웠고, 문화적 차이로 인해 갈등이 발생하기도 했다. 그러나 인내와 성실함으로 포기하지 않고 문제를 해결해 나갔다. 항상 긍정적인 마음가짐을 유지하며, 모든 도전을 극복하기 위해 노력했다.

그 결과, 우리는 미국 사회에 성공적으로 정착할 수 있었고, 30년간 그 지역사회에서 명성을 쌓아온 전 오너의 비즈니스 영역과 매출을 넘어서는 성과를 낼 수 있었다. 전 오너는 찾아오는 고객만을 상대로 비즈니스를 했으나, 영어가 부족한 우리 부부는 고등학생 프롬파티를 위해 전 오너가 고객으로 삼았던 인근 한두 고등학교뿐 아니라 영역을 더 넓혀 타겟을 잡고 고등학교는 학교 신문에 광고를 실어 쿠폰을 가져오게 하는 세일을 했고, 온라인이 발전하지 않았던 당시 엘로우북에 광고를 했고, 워싱턴포스트지에 광고를 실어 고객을 확장해 나갔다.

기억에 남는 일화 하나는 2009년 1월 20일 미국 최초 흑인 대통령 오바마 대통령 취임식에 초대된 많은 사람이 한꺼번에 턱시도를 빌리러 왔던 일이다. 특별히 흑인 고객들의 매너와 태도가 얼마나 진중하고 신사 같았는지 지금 돌이켜 생각해도 감동이 된다. 오랜 세월 동안 백인 주류 사회에 노예로 팔려와 천대와 멸시를 당하며 마이너리티로 살아온 그들에게 꿈에도 생각할 수 없었던 내 동족에서 미국을 통치할 대통령이 나왔다는 것은 그들의 한과 서러움을 일시에 불식시켜주는 역사적인 감격의 사건이었을 것이다.

1963년 일찍이 그들의 또 다른 동족 마틴 루터 킹 주니어가 오바마 대통령 취임식이 거행된 같은 장소, 워싱턴 D.C.에서 "I Have a Dream"을 통해 인종 차별과 불평등에 맞서 싸우기 위해 외쳤던 그의 꿈인 평등과 정의가 실현되기 시작했다는 상징적인 순간이었다.

우리는 이렇게 차츰 경제적인 안정과 부를 이루게 되었다. 이 경험은 큰 자신감을 주었고, 계속되는 도전에서도 우리를 지탱해 주는 힘이 되었다. 미국에서의 생활을 통해 나는 자신의 한계를 다시 한번 뛰어넘을 수 있었다. 낯선 환경에서도 포기하지 않고 도전하면, 결국 원하는 목표를 이룰 수 있다는 것을 배웠다. 이 경험은 나에게 큰 자산이 되었고, 앞으로의 도전에서도 나를 지탱해 주는 힘이 될 것이다.

엄마, 감사해요!

"포기하지 마라.
당신이 일어서면 세상도 함께 일어선다."
- 힐러리 클린턴 (HiLLary CLinton)

미국에서의 힘든 이민 생활 속에서도 나는 자녀가 잘 성장할 수 있도록 최선을 다했다. 한국과 달리 차가 없으면 움직이는 것이 불가능한 환경에서 비즈니스와 자녀 라이드를 위해 철저한 시간 관리와 조율을 하려고 노력했다.

처음 몇 년은 모든 면에서 안정이 안 되고 어려움이 많아 자녀를 거의 방치해 놓았었다. 부모는 비즈니스를 정착시키려 정신없었고, 모든 가사를 온 가족이 나눠서 해야 했다. 처음 4년간 2 bed room 3층 아파트에서 살 때 코인 런드로맷이 지하에 있었기에 매주 토요일 아들아이에게 모아 둔 빨래를 하게 분담시켰고, 카펫이 깔린 집안 전체도 배큠하게 했다. 토요일엔 분담된 가사를 하며,

혼자 아침과 점심을 차려 먹었는데, 이때부터 계란 후라이에 간장과 참기름을 넣고 밥 비벼 먹는 정도는 본인 스스로 했다.

 일주일 내내 온 가족이 비즈니스와 학교에서 열심히 살아내고, 일요일엔 아침부터 일찍 일어나 교회에 가서 예배하고 봉사하고 친교하고…. 이런 규칙적인 생활을 이어갔다. 이런 환경은 자녀가 한인 공동체 안에서 어른들과 친구들과 함께 돌봄을 받으며 자라는 환경이 되었고, 크게 비뚤어지는 일을 예방했다고 생각한다.

 자녀의 미래와 비전을 위해 미국 이민을 결행했다고 하나, 4년을 정신없이 살다 보니 자녀교육은 뒷전이 되어있었다. 다행히 문득 정신을 차리고 보니 10학년 초. 내버려뒀던 자녀의 위치와 대입 공부를 위한 계획을 세우자니 아차 싶었다. 가슴을 쓸어내리며 자녀와 머리를 맞대고 실행을 위해 빈 노트를 준비해 하나씩 체크하며 써포드 하기 시작했다.

 다행히 어려서부터 기본기가 잡힌 아이라 뒤떨어져 있는 영어공부에 집중할 수 있게 도와주고, 기타 필요한 학교 내·외 과외활동이나 봉사활동을 할 수 있게 방향 제시와 라이드를 주는 것으로 부모의 임무를 수행했다.

 고맙게도 스스로 공부하는 습관과 독립적인 삶의 방식을 일찍부터 터득한 아이는 모든 것을 무난하게 해내었고, 동기부여만 해주면 스펀지처럼 받아들여 실행에 옮기는 태도를 견지했다. 좋은 학교성적과 리더십을 보여주었고, 친구 관계도 원만해 주위엔 항상 좋은 친구들로 가득했다. 너무나 흐뭇하고 감사했다.

대학 입학 후 학교로 떠난 자녀가 방학을 맞아 집에 돌아올 때, 픽업해서 돌아오는 차 안에서 나는 지금까지 긴 세월 자녀를 기르며 내 환경에서는 부모로 최선을 다한다고 했으나, 그래도 때때로 생각나는 부족함에 가슴 아파 미안한 마음을 전하니, 기특하게도 아들은 의젓하게 말한다.

"엄마, 난 엄마가 가슴 아파하는 부분에 대한 상처가 하나도 없어요. 현재의 나로 이렇게 키워주신 것에 얼마나 감사하고 있는데요."

아들의 그 가슴 뭉클한 의젓한 한마디로 큰 위로를 받았으나, 안정된 전문의로 결혼 후 자신의 가정을 이뤄 잘살고 있음에도 부모는 언제나 자식에 대해 마음 한편이 아리다. 그래서 나는 아직도 기도한다. 내 자녀와 그가 이룬 가정과 그의 자녀들을 위해.

에필로그: 끝없는 도전의 인생

"삶의 가장 큰 도전은
꿈을 이루기 위해 포기하지 않는 것이다."
- 나폴레온 힐 (Napoleon Hill)

돌아보면, 내 삶은 끝없는 도전의 연속이었다. 유교 사상을 신봉하던 아버지의 기대에 부응하기 위해 상업 고등학교에 진학했지만, 나는 대학 진학을 위해 도전했다. 낮에는 일하고 밤에는 공부하며 학사 학위와 석사 학위를 취득했고, 졸업한 대학에서 조교로 근무하는 기회를 얻었다.

임신하여 집에 머무는 1년간도 어려서 못 이룬 꿈인 피아노 배우기로 태교와 나의 취미로 삼았다. 출산하고 산후조리를 끝내고는 백일 된 아들을 품에 안고 영어회화 교실에 참여하여 공부했다. 이렇게 이어진 영어공부는 결정적인 순간에 우리 가정을 살리는 수단으로 사용된다.

IMF 사태와 남편의 사업실패로 인해 경제적 어려움에 직면했을 때도 나는 포기하지 않고 TESOL 자격증을 활용해 강사로 출강하며 이를 극복했다. 이후 미국 이민을 단행해 드라이클리닝과 턱시도 렌탈 비즈니스를 통해 미국 사회에 성공적으로 정착했고, 자녀를 의대에 보내 전문 의사로 키워냈다.

이 모든 도전의 과정을 통해 나는 내 한계는 내가 정하며, 끊임없이 도전하는 삶이 얼마나 가치 있는지 깨달았다. 도전은 나를 성장하게 했고, 더 나은 미래를 향해 나아가게 했다. 도전의 길은 절대 쉽지 않았지만, 그 길 끝에는 항상 보람과 성취가 기다리고 있었다.

나는 이제 더 이상 어떤 어려움도 두렵지 않다. 어떤 상황에서도 극복할 힘을 가지고 있으며, 내 앞에 놓인 모든 도전을 기꺼이 받아들일 준비가 되어있다. "내 한계는 내가 정하는 것이고, 도전만이 있을 뿐이다."라는 신념을 가지고, 나는 앞으로도 끊임없이 도전할 것이다.

이 책이 다른 이들에게도 용기와 희망을 줄 수 있기를 바란다. 우리의 삶은 우리의 선택과 노력에 따라 달라진다. 나의 이야기가 다른 이들에게 영감을 주고, 그들이 자신의 한계를 넘어서 더 큰 성취를 이룰 수 있도록 돕기를 진심으로 바란다. 도전은 우리의 삶을 더욱 풍요롭게 만들고, 우리를 더 강하게 만든다. 그러니 그대도 포기하지 말고, 끊임없이 도전하길 바란다.

BEAUTY IS BORN
FROM ADVERSITY

BEAUTY
IS BORN
FROM
ADVERSITY

동상   안현숙 작가

어려움 속에서도 포기하지 않고
꿈을 향해 나아가라,
당신은 할 수 있다.

희망은 대가를 치를 때 화답한다.

"역경은 사람을 강하게 만들고,
고통은 사람을 성장시킨다."
— 맹자

학비를 못 내던 소녀의 꿈

　남광주역 앞에 있는 시계탑은 어린 시절 나에게 많은 설움과 아픔을 켜켜이 새기게 한 장소다. 그 시계탑을 볼 때마다, 학비를 내지 못해 집에 가서 받아오라는 학교의 요구로 쫓겨나던 시절이 떠오른다. 집에 가도 부모님은 항상 부재중이었기에 나는 시계탑 아래에서 상인들을 구경하며 시간을 보냈다. 기차역에서 엄마를 배웅하고 열 살 소녀 혼자 집으로 돌아오던 깜깜한 새벽길과, 마중 나가서 아프고 힘없던 내가 무거운 쌀자루와 보리쌀 자루를 나르던 힘들었던 기억이 생생하다.

　그 시절에 나는 매일 시계탑 아래에서 눈물을 훔치며 결심한다. "반드시 이 어려움을 극복하고, 꿈을 이룰 거야. 나는 어른이 되면 아무런 힘도 없는 아이가 학교에서 쫓겨나는 일을 만들지 않을 거야." 그때부터 나는 내 앞길은 내가 개척하기로 했다. 좌판에서 장사하는 엄마를 도우며, 가난에서 벗어나겠다고 결심했다. 고등학생이 되자 가급적 용돈은 스스로 벌기 시작했다. 몸이 아픈지도 모르고 열심히 살았던 학창 시절이었다. 행상을 하는 엄마를 도우며 복잡한 머리를 정리하고, 밤에는 자는 시간을 아끼며 공부했다. 언제나 잠을 잘 시간도 부족했지만, 나는 성공하리라며 이를 악물었다.

"역경은 사람을 강하게 만들고, 고통은 사람을 성장시킨다."라는 맹자의 말은 나에게 큰 힘이 된다. 힘들 때마다 이 말을 되뇌며, 나는 더 열심히 공부하고 일한다. 사람들은 나에게 어떻게 그렇게 처절할 정도로 열심히 살 수 있느냐고 묻는다. 나는 자신을 스스로 자랑스럽게 최면을 걸며 열정을 다해 살아낸다. 그러지 않으면 무너질 것을 알았기 때문이다. 실수를 통해서도 배우고, 실패는 성공의 어머니라 여기며 다시 일어난다. 그런 염원은 마침내 학비를 마련해 학교에 다닐 수 있는 나이가 되자 다 이루게 된다. 꿈과 희망을 버리지 않는다면 결국 언젠가는 해내게 되어 있다.

열여덟 살이 되자마자 나는 부모님의 곁을 떠나 자립을 결심한다. 처음에는 초등학생 세 자매가 있는 집에 가정교사로 일하게 된다. 아이들도 잘 따라주었고 가르치는 것도 좋아서 너무 신나는 일자리였다. 그러나 그 일자리는 오래 가지 못했다. 비겁한 그 댁 주인의 태도에 짐을 싸서 집으로 내려와야 했다.

다시 돈 벌어오라는 오빠의 명령에 온갖 곳에 서류를 넣었지만, 그 시절에는 함께 일하자는 곳이 별로 없었다. 공부를 못한 것도 아닌데 정보가 없으니 갈 곳이 없었다. 이 나이에야 정보와 통찰이 얼마나 중요한지 뼈저리게 느끼며 책을 놓지 않고 산다.

할 수 없이 학력을 속이고 공장에 취직했다. 공장에서 일하며 힘든 상황에서도 절대로 꿈을 포기하지 않았다. 꿈이 있기에 몸이 아프고 코피를 쏟으면서도 일할 수밖에 없었다. 그럴 때마다 "세상과 싸워 이겨보리라."라는 결심이 나를 버티게 했다.

　공장 일은 매우 고되고 힘들었다. 하루 종일 서서 일하고, 무거운 짐을 나르며 몸이 녹초가 됐다. 때로는 눈물을 흘리며 "왜 나는 이렇게 힘들게 살아야 하는가?"라는 질문을 던지기도 했다. 그러나 나의 목표는 분명했다. "나는 이 상황을 벗어나 반드시 부자가 될 거야." 패자의 설명은 무조건 변명으로 치부되는 세상에서 일단 가난을 벗어나고 싶었다.

　그런데도 나의 사회생활을 위한 첫걸음은 나에게 큰 자신감을 줬다. 졸렬한 어른을 만나면서, 세상은 결코 만만한 곳이 아니라는 것을 깨달았다. 나는 자신을 다그치며 위인전과 성공한 사람들의 이야기를 읽었다. 그들 역시 뼈를 깎는 아픔 속에서 꽃피운 인생이었다. 그들의 삶을 통해 용기를 얻고, 나의 목표를 이루기 위해 모든 노력을 다했다. 결국 나는 내가 원하는 학교에 다닐 수 있었고, 나 자신을 자랑스럽게 여겼다.

　기차역의 시계탑 아래에서 흘렸던 눈물과 결심은 나의 인생을 바꾸는 원동력이 되었다. 좌절과 역경 속에서도 꿈을 포기하지 않고, 자신을 스스로 믿으며 나아간다. 이 경험들은 나를 더욱 단단하게 만들었고, 더 큰 꿈을 향해 나아갈 수 있었다. 나는 오늘도 그 시계탑을 떠올리며, 내 이야기가 다른 이들에게 희망이 되기를 바란다.

가정이라는 무게는
어른이 마주해야 할 삶의 도전

- 가정이라는 무게를 딛고 교수가 되다.

결혼을 통해 휴식을 찾을 수 있으리라 기대했지만, 남편도 쉬고 싶어 결혼했다는 사실을 알게 되었다. 가정의 경제적 책임은 온전히 나의 몫이 되었다. 매일 아침 일찍 일어나 집안일을 돌보고, 아이를 어린이집에 보내고, 출근 준비를 했다. 직장에서의 일은 매우 힘들었지만, 아이를 위해서는 어떤 어려움도 견뎌낼 수 있었다.

아이의 꿈과 희망을 지켜주기 위해 저축하고, 더 나은 환경에서 자랄 수 있도록 노력했다. 가정의 경제적 책임을 지면서도 항상 긍정적인 생각을 가지려고 애썼다. 아이는 나에게 아픈 몸으로도 버틸 수 있는 큰 힘이 되었다. 매일 밤늦게까지 일을 하며 가정의 경제를 유지했다. 피곤한 몸을 이끌고 집에 돌아와서는 아이의 숙제를 도와주고, 남편의 무책임함을 대신해 가정을 돌보았다. 어려움 속에서도 항상 "어려움은 일시적이다. 이 또한 지나갈 것이다."라는 말을 마음속에 새기며 하루하루를 버텼다.

아이의 교육을 위해 저축하고, 아이가 더 나은 환경에서 자랄 수 있도록 노력했다. 나는 아이가 나의 노력을 통해 자신감을 얻고, 꿈을 이루기를 바랐다. "불가능은 없다.""라는 말을 마음에 새기며, 나는 기능장이 되기 위해 열심히 공부했다. 결국 교수의 자리에 오를 수 있었다. 이 과정에서 수많은 실패와 좌절을 겪었지만, 포기하지 않았다. "성공은 준비된 자에게 온다."라고 믿으며 최선을 다해 준비했다.

기능장이 되기 위한 첫 번째 도전에서 나는 혼자 공부했다. 다행히 1차 이론시험에 합격했다. 문제는 실기시험인 2차 시험이었다. 남들은 이미 6개월을 준비해 온 상황이었다. 실기시험을 한 번 봐보겠다고 작정하고 원서 접수를 한 순간, 큰 좌절감이 밀려왔다. 그러나 "실패는 성공의 어머니"라는 말을 되새기며 더 열심히 공부하고 연습했다.

새벽부터 밤늦게까지 가게가 엉망이 되더라도 이번에 합격하고야 말겠다고 다짐하며 뛰었다. 결국 실기시험에서 나는 합격했다. 그 순간의 기쁨은 말로 표현할 수 없었다.

하나를 얻으려면 하나는 미루거나 포기해야 한다는 것도 이때 알았다. 두 손에 다 움켜쥐고 안 놓으니 새로운 것을 잡을 수 없는 것이 진리였다. 아이와 더 많은 시간을 보내기 위해 결정을 내린 나 자신을 자랑스럽게 여겼고, 그렇게 내 꿈을 이루기 위한 첫 걸음을 내디뎠다.

기능장이 된 후에도 계속해서 발전을 위해 노력했다. 더 다양한 지식을 쌓고, 더 많은 경험을 쌓기 위해 끊임없이 도전했다. "지식은 힘이다."라는 말을 실감하며, 항상 새로운 것을 배우고자 했다. 그 노력은 마침내 결실을 보아 겸임교수의 자리에 오를 수 있었다.

교수가 된 후에도 멈추지 않았다. 학생들에게 최고의 교육을 제공하기 위해 끊임없이 연구하고 노력했다. "교육은 백년지대계"라는 말을 마음에 새기며, 학생들의 미래를 위해 최선을 다했다. 많은 학생이 나의 가르침을 통해 성장하고 발전하는 모습을 보며 큰 보람을 느꼈다.

이제 그 시절을 돌아보며, 그때의 어려움이 나를 얼마나 강하게 만들었는지 깨닫는다. 힘들었던 순간들이 결국 나를 이 자리까지 오게 한 밑거름이 되었음을 느낀다. 지금도 많은 어려움을 겪고 있는 사람들에게 희망을 주기 위해 노력하고 있다. "불가능은 없다."라는 말을 전해주고 싶다. 누구나 힘든 상황 속에서도 꿈을 이루기 위해 노력할 수 있음을, 그 노력이 결국 결실을 볼 것임을 믿어 의심치 않는다.

- 인생은 산 넘어 산

어느 날, 아들이 내게 다가와 수술시켜달라고 간절히 부탁했다. 그동안 아이의 병원비를 감당하며 돌봐왔지만, 이번에는 더 큰 결심이 필요했다. 아이의 눈에 담긴 간절함을 보며 나는 다시 세상에 나갈 용기를 얻었다.

아들의 수술비를 마련하기 위해 나는 억대 연봉 강사가 되기로 결심했다. 이 결심은 나에게 또 다른 희망을 안겨주었고, 내가 아이를 위해 무엇을 할 수 있는지 다시 한번 깨닫게 해주었다.

억대 연봉 강사가 되기 위해서는 큰 노력이 필요했다. 밤낮을 가리지 않고 공부하며, 강의 준비에 매진했다. 그 과정에서 수많은 실패와 좌절을 겪었지만, 포기하지 않았다. "고통은 사람을 성장시킨다."라는 말을 되새기며, 끝까지 노력했다. 결국, 나는 억대 연봉 강사가 되어 아들의 수술비를 마련할 수 있었다.

이 과정에서 많은 사람의 도움을 받았다. 그들은 나에게 큰 힘이 되었고, 나는 그들에게 항상 감사했다. "사람은 혼자서는 아무것도 할 수 없다."라는 말을 마음에 새기며, 항상 다른 사람들과 협력하며 살아가고자 했다.

아들의 수술이 성공적으로 끝난 후, 나는 더 큰 희망을 품게 되었다. 내가 할 수 있는 것들이 얼마나 많은지 깨달았고, 내가 다른 사람들에게도 희망을 줄 수 있다는 것을 알게 되었다. 이 경험은 나에게 큰 교훈을 주었다. 역경을 극복하고, 꿈을 이루기 위해 끝까지 노력하는 것이 얼마나 중요한지 깨달았다. 나는 내 자신을 믿고, 내 꿈을 이루기 위해 끝까지 노력할 것이다.

최근 나는 시신경염으로 두 번이나 한쪽 눈의 실명을 겪었다. 두려움 속에서도 좌절하지 않고, 다시 일어섰다. 실명을 극복하고 다시 볼 수 있게 된 후, 더욱 강해졌다. 그 두려움과 고통 속에서도 희망을 잃지 않았고, 그 희망이 나를 다시 일으켜 세웠다.

처음 실명을 겪었을 때는 일상생활조차 힘들었다. 간단한 집안일조차 혼자서 할 수 없었다. 하지만 포기하지 않았다. 재활 훈련을 통해 새로운 기술을 배우고, 실명을 극복하기 위해 최선을 다했다. 매일매일 작은 성취를 이루며 자신감을 되찾았다. 그 과정에서 "불가능은 없다."라는 말을 마음에 새기게 되었다.

2년 후에 다시 찾아온 두 번째 실명은 더 큰 좌절을 했고 더 큰 용기와 도전이 필요했다. 첫 번째 실명을 극복하고 나서 다시 새로운 삶을 시작했지만, 두 번째 실명은 모든 것을 다시 무너뜨렸다. 그러나 다시 일어나야 했다. 나 자신에게 "너는 할 수 있다."라고 말하며 자신을 스스로 다독였다. 자신에게 다짐하듯 일러주는 이 한마디는 정말 큰 힘이 되었다.

실명을 극복하고 다시 볼 수 있게 된 후, 더욱 강해졌다. 시신경염과의 싸움은 나를 더 강하고, 더 결단력 있게 만들었다. 그 경험을 통해 삶의 소중함을 깨달았다. 그리고 무엇보다도 희망의 중요성을 다시 한번 느꼈다. 그 희망이 나를 다시 일으켜 세웠다.

내가 실명을 극복하는 과정을 통해 얻은 교훈은 "희망은 절망 속에서 빛난다."라는 것이다. 두려움 속에서도 희망을 잃지 않고, 그 희망이 나를 다시 일어서게 했다. 그 경험을 통해 많은 사람에게 희망을 전하고 싶다. 내 이야기를 통해 같은 고난을 겪는 사람들에게 용기와 희망을 주고자 한다.

실명을 극복하는 과정에서 많은 사람의 도움을 받았다. 그들은 나에게 큰 힘이 되었고, 나는 그들에게 항상 감사했다. "사람은 혼자서는 아무것도 할 수 없다."라는 말을 자주 했다. 그 말은 큰 깨달음을 주었고, 항상 다른 사람들과 협력하며 살아가고자 했다.

　실명을 극복한 후, 더욱 강해졌다. 나 자신을 믿고, 내 꿈을 이루기 위해 끝까지 노력할 것이다. 이러한 이야기는 많은 사람에게 큰 희망을 줄 것이다. 항상 "할 수 있다."라는 긍정적인 생각을 가지고 살아갈 것이다.

　이 글을 읽는 모든 이들이 나처럼 역경을 극복하고, 꿈을 이루기 위해 끝까지 노력할 수 있기를 바란다. 오늘도 나 자신에게, 그리고 나를 믿고 따라오는 이들에게 감사하며 살아가고 있다. 내 이야기를 통해 같은 고난을 겪는 사람들에게 희망을 주고자 한다. 이 글을 읽는 모든 이들이 나처럼 역경을 극복하고, 자신의 꿈을 이루기 위해 끝까지 노력할 수 있기를 바란다.

　"희망은 절망 속에서 빛난다." 이 말은 큰 힘이 되었고, 그 희망을 품고 다시 일어섰다. 나 자신을 믿고, 내 꿈을 이루기 위해 끝까지 노력할 것이다. 이러한 이야기가 많은 사람에게 큰 희망을 줄 것이다. 항상 "할 수 있다."라는 긍정적인 생각을 가지고 살아갈 것이다.

- 마비와 경련, 그리고 일상

　마비와 경련은 끊임없는 고통이었다. 매일 찾아오다시피 하는 통증은 절망에 빠뜨리기 일쑤였고, 때로는 그 고통 속에서 우는 날도 많았다. 그러나 눈물이 슬픔만을 주지 않는다는 것도 알았다. 정말 힘들 때는 이불을 뒤집어쓰고 우는 것도 진통제보다 더 좋을 때가 있다. 그렇게 원 없이 울고 나면 다시 잘 살아내고 싶어질 때가 더 많다. 통증에 휘둘리기도 하지만 혼자였기에 일을 멈출 수 없었다. 사람들은 대충 좀 살라고 한다. 그러나 그들의 말에 무너져버리면 아무도 내 인생을 책임져주지 않는다. 결국 인생은 온전히 자기와의 싸움이고 자기가 책임져야 하는 것이다.

마비와 경련은 단순한 신체적 고통을 넘어 정신에도 큰 영향을 미쳤다. 매일 아침 일어나 첫 발걸음을 내딛기까지의 시간은 두려움과 싸우는 시간이었다. 그러나 그 두려움을 극복하고자 마음을 다잡았다. "고통은 일시적이지만, 포기는 영원하다."라는 말을 항상 되새기며, 희망을 잃지 않으려 노력했다.

마비와 경련은 새로운 도전이었다. 그 도전을 극복하기 위해 몸과 마음을 돌보는 법을 배워야 했다. 명상과 호흡 운동을 통해 마음을 안정시키고, 꾸준한 재활 운동으로 신체의 회복을 도모했다. 이 과정에서 "작은 변화가 큰 변화를 이끈다."라는 사실을 깨달았다. 매일 조금씩 나아가는 모습을 보며, 희망을 품고 앞으로 나아갈 수 있었다.

고통을 잘 이겨낸 대표적인 사례로는 유명한 물리학자 스티븐 호킹 박사가 있다. 호킹 박사는 루게릭병으로 전신이 마비되는 고통 속에서도 연구를 멈추지 않았다. 그는 자신의 한계를 극복하고 인류에게 크게 이바지한 인물이다. 그의 이야기는 큰 영감을 주었고, 나 역시 그처럼 한계를 극복하고자 결심했다.

"사람은 혼자서는 아무것도 할 수 없다."라는 진리를 깨달았다. 책 속에서든 언론매체 속에서든 그들의 존재를 만나면서 세상에서 어떤 어려움도 혼자서 이겨내고 있지 않다는 것을 알았다. 그들도 애를 쓰고 있기에 나도 내 아픔을 감당해 나가고 있다.

마비와 경련 속에서도 일을 멈출 수 없었다. 생계를 책임져야 했기에, 고통 속에서도 일을 계속할 수밖에 없었다. 고통을 이기려고 노력했고, 희망을 잃지 않았고, 그 희망이 나를 앞으로 나아가게 했다. 항상 "할 수 있다."라는 긍정적인 생각을 하며 그 생각이 나를 지탱해 주었다. 예전에는 마약 성분에 버금가는 진통제로 살아냈지만, 지금은 일반 진통제도 먹지 않고 있다. 놀라운 일이다.

이 모든 경험은 나를 더욱더 강하게 만들었다. 나 자신을 믿고, 꿈을 이루기 위해 끝까지 노력할 것을 다짐하며 살아왔다. 이러한 이야기는 많은 사람에게 큰 희망을 주고, 항상 "할 수 있다."라는 긍정적인 생각을 가지고 살아가게 할 것이라 믿는다.

인간은 일평생 치러야 할 고통이 있다고 한다. 총질량의 법칙이라고 했다. 한마디로, 인생을 살아가면서 누구나 행복한 순간의 합계는 같다는 의미로, 현재 불행하다면 앞으로는 행복할 것이고, 현재 행복하다면 미래는 불행할 수 있음을 의미한다. 행복이 50이면 불행이나 고통도 50이라는 말이다. 그렇다면 나는 이미 불행과 고통을 다 헤쳐 나왔다고 생각하며 매일 희망 백신을 맞으며 뛰고 있다. 그렇게 하기로 스스로 결정해 버렸다.

고통을 받는 사람도 많지만, 고통을 극복해 내는 사람 또한 많은 세상이다. 그들을 보며 뛰고 있다. 나의 이야기를 통해 같은 고난을 겪는 사람들에게 희망을 주고자 한다. 이 글을 읽는 모든 이들이 나처럼 역경을 극복하고, 자신의 꿈을 이루기 위해 끝까지 노력할 수 있기를 바란다. 오늘도 나 자신에게, 그리고 나를 믿고 따라오는 이들에게 감사하며 살아가고 있다. 항상 "할 수 있다."라는 긍정적인 생각을 가지고 살아갈 것이다.

  평생을 함께하다시피 하는 마비와 경련이라는 큰 역경 속에서도 희망을 잃지 않고, 그 희망을 통해 앞으로 나아갈 수 있었다. 이 고통은 온전히 내가 감당하면서 살아야 하는 거다. 이 이야기는 많은 사람에게 큰 감동을 줄 것이며, 그들 역시 자신만의 역경을 극복하고, 꿈을 이루기 위해 나아갈 수 있을 것이다. 항상 "할 수 있다."라는 긍정적인 생각을 가지고 살아갈 것이다.

역경 속에서도
희망으로 꽃피워 가는 삶

　66세가 된 지금, 나는 100세 인생 시대에 남은 인생을 준비하고 있다. 나의 경험을 바탕으로 새로운 도전을 향해 나아가고 있다. 나이는 단지 숫자에 불과하며, 새로운 도전을 시작하기에 늦은 나이는 없다고 생각한다. "삶은 끊임없는 도전의 연속이다."라는 말을 마음에 새기고, 나는 새로운 목표를 세우고 그 목표를 향해 나아가고 있다.

　첫 번째로, 나는 나의 경험과 지혜를 나누기 위해 강연을 시작했다. 사람들은 나의 이야기에 큰 감동을 하였고, 나의 경험을 통해 많은 것을 배웠다. 특히, 역경을 극복하고 성공을 이룬 나의 이야기는 많은 사람에게 희망과 용기를 주었다. 나는 강연을 통해 내가 겪은 어려움을 솔직하게 이야기하며, 그 어려움을 어떻게 극복했는지를 상세히 설명했다. "고난은 당신을 강하게 만들고, 역경은 당신을 성장시킨다."

라는 메시지를 전달하며, 나는 청중들에게 삶의 어려움을 극복할 수 있는 용기를 심어주었다.

두 번째로, 나는 책을 집필하기 시작했다. 나의 인생 경험과 교훈을 담은 책은 많은 이들에게 큰 인기를 끌었다. 나는 책을 통해 내 삶의 여정을 상세히 기록하며, 그 과정에서 얻은 지혜와 깨달음을 공유했다. "성공은 끊임없는 노력의 결과물이다."라는 메시지를 전하며, 나는 독자들에게 자신의 꿈을 이루기 위해 끝까지 노력할 것을 권장했다. 특히, 나는 책을 통해 내가 겪은 실패와 그 실패를 어떻게 극복했는지를 자세히 설명했다. 이를 통해 독자들은 실패를 두려워하지 않고, 그것을 성장의 기회로 삼을 수 있는 용기를 얻었다.

세 번째로, 나는 새로운 사업을 시작했다. 1인 기업가로서 지식 창업을 시작하며, 나는 나의 경험과 지혜를 활용하여 성공적인 사업을 운영하고 있다. "사업의 성공은 끊임없는 도전과 혁신의 결과물이다."라는 믿음을 가지고, 나는 매일 새로운 아이디어를 구상하고 그 아이디어를 실행에 옮기고 있다. 특히, 코로나로 인해 많은 사람이 어려움을 겪고 있는 상황에서도 포기하지 않고, 새로운 기회를 찾아내어 성공을 이루었다. 나의 사업은 많은 이들에게 영감을 주었고, 나는 이를 통해 많은 사람에게 도움을 줄 수 있었다.

마지막으로, 나는 나의 남은 인생을 준비하며 계속해서 새로운 도전을 향해 나아가고 있다. "삶은 도전을 통해 성장하고, 성장하는 과정에서 행복을 찾을 수 있다."라는 믿음을 가지고, 나는 매일 새로운 목표를 세우고 그 목표를 이루기 위해 노력하고 있다. 나는 나의 이야기를 통해 많은 사람에게 희망과 용기를 주고자 하며, 이를 통해 많은 이들이 자신의 꿈을 이루기 위해 끝까지 노력할 수 있기를 바라고 있다.

66세의 나이에 새로운 도전을 시작한 나의 이야기는 많은 이들에게 큰 감동을 주고 있다. 지식 창업을 시작해서 뜻하지 않게 내가 좋아하는 일을 찾게 되었다. 아직 이름 있는 작가는 아니지만 책을 쓰는 일을 좋아했고, 그것으로 인해 큰 수입도 생겼다. TV에도 여러 번 출연하게 되었고 신문에도 다수 실리게 되었다. 가만히 있으면 아무 일도 생기지 않는다. 새로운 디지털 문명을 맞아 내가 무엇을 잘 할 수 있는지, 나는 무슨 일을 좋아하는지 알아보는 것을 권한다. 나로 인해 많은 사람이 인생 2막에서 성공해가고 있다는 것이 나에게 기쁨을 준다.

부족한 나의 경험을 바탕으로 많은 사람에게 희망과 용기를 주고 있으며, 이를 통해 많은 이들이 자신의 꿈을 이루기 위해 끝까지 노력할 수 있기를 바란다. "삶은 도전의 연속이며, 그 도전을 통해 우리는 성장하고 행복을 찾을 수 있다."라는 메시지를 전하며, 나는 오늘도 나 자신에게, 그리고 나를 믿고 따라오는 이들에게 감사하며 살아가고 있다.

이 글을 읽는 모든 이들이 나처럼, 또는 나보다 크거나 작은 역경을 극복하고, 자신의 꿈을 이루기 위해 끝까지 노력할 수 있기를 바란다. 나는 항상 "할 수 있다."라는 긍정적인 생각을 가지고 살아갈 것이다. 이러한 나의 이야기는 많은 사람에게 큰 희망을 줄 것이다. 나는 내 자신을 믿고, 내 꿈을 이루기 위해 끝까지 노력할 것이다.

BEAUTY IS BORN
FROM ADVERSITY

BEAUTY
IS BORN
FROM
ADVERSITY

장려상   강신영 작가

장애인과 비장애인의 차이는 없다.
장애인에게 배워야 한다.

장애인들과 함께 화려한 피날레

당신을 한마디로 특징 지어 말할 수 있나요?
나는 댄스 전문가라고 자신 있게 말합니다.

좌절로 시작한 인생 2막

1997 IMF 금융위기는 우리나라 전체에도 큰 충격이었지만, 내게도 개인적으로 인생 전체를 나락으로 곤두박질치게 한 큰 사건이었다.

그전까지 내 인생은 순풍에 돛 단 듯이 무난하게 잘 나가고 있었다. 대기업에 있다가 스키장갑을 만들어 수출하는 중소기업에 스카우트 되어 젊은 나이에 임원부터 시작했다. 기존 다른 임원들에 비해 10년이 빨랐다. 스키장갑 회사에서의 내 역할은 공장장부터 시작하여 수출 영업까지 담당하며 촉망받는 젊은 임원이었다. 이사 직함부터 시작하여 20년 재직하는 동안 전무이사까지 승승장구하며 승진했다.

1997년 이전까지는 수출이 효자였으나 원화 환율이 800:1까지 떨어지는 등, 돈 안 되는 수출보다는 수입으로 내수 시장을 개척해 보자는 회장의 지시가 있었다. 그래서 만든 것이 자회사였다. 처음에는 스키용품을 수입해서 팔았으나 사기를 당하는 등 시행착오도 많았다. 그 자회사에 가는 임원마다 무덤이라며 찬밥 대우를 받았다.

그러던 중 회장은 1996년 'UMBRO'라는 영국 유명 스포츠 브랜드의 상표 사용권을 따 왔다. 2002년 한일 월드컵을 대비하여 미리 브랜드를 잘 키워 놓으면 돈방석에 앉을 거라는 꿈을 꾸고 있었다. 그런데 내수 영업의 경험이 없다 보니 외부에서 이 자회사 사장을 찾아야 하는데 알아보니 우리 임원들 연봉의 3배 내지는 4배를 요구하고 있었다. 회장은 속앓이 끝에 내게 그 자리를 강요했다. 그냥 큰 연봉 인상 없이 부려 먹을 수 있기에 만만했던 것이다. 나이도 40대이니 우리 임원 중에 젊은 나이는 나밖에 없다는 것이었다. 그렇게 해서 'UMBRO'라는 스포츠 브랜드의 라이선스 업체로 자회사 대표이사직을 맡았다. 작은 회사의 적은 연봉으로 직원을 뽑자니 우수한 좋은 직원도 못 뽑고 그럭저럭 꾸려 나가고 있었다. 지금은 유명 브랜드로 알려져 있지만, 그 당시에는 인지도도 낮았다.

그런데 1997년 IMF 금융위기가 닥치자 달러 환율이 2,000원대까지 뛰어올랐다. 달러로 지급해야 하는 로열티도 감당 불가였지만, 상품 수입도 불가능한 상태가 되었다. 국내 경기도 얼어붙어서 도무지 옴짝달싹할 수도 없었다. 매일 나오는 뉴스는 우리나라 이름난 중소기업들의 도산 소식이 이어졌다. 이렇게 한 나라가 침몰하는구나 하는 절망감에 빠졌다.

우리도 별 도리 없이 숨을 죽이고 있는 판에 세무서에서는 수입상품을 취급하는 회사라는 이유로 세무조사까지 나왔다. 순식간에 막대한 범칙금 등 추징금이 떨어졌다. 결국 더 이상 버티지 못하고 폐업 신고를 할 수밖에 없었다. 어쩔 수 없이 해고된 직원들은 내게 재떨이를 집어 던지는 등 거친 항의를 했으나 그에 대한 대책이나 보상은 내 능력 밖의 일이었다.

나는 본사로 복귀했다. 그런데 나를 대하는 회장의 태도가 그간 애지중지 또는 여러모로 띄워주던 것에서 돌변했다. 자회사 폐업의 책임을 지라는 것이었다. 당시 김영삼 정부가 '모든 일에는 책임을 지는 사람이 있어야 한다.'는 '책임행정'을 부르짖던 시대였다. 그 지론은 회사에서는 '책임경영'으로 번지고 있었다.

매일 회사에 출근하면 어떻게 책임을 질 것이냐는 회장의 추궁이 이어졌다. 사표를 내겠다고 했더니 그건 안 되고 손해 본 것을 복구해야 하니 자회사에 투자했던 돈을 메울 방책을 내라는 것이었다. 도저히 내가 풀 수 없는 숙제를 내놓고 매일 숙제 검사를 당하는 느낌이었다. 회사에 출근하는 일이 도살장에 끌려가는 기분이었다.

그런 지옥 같은 나날이 계속되다가 드디어 새천년을 며칠 앞둔 날 "그만합시다."라는 회장의 결단이 내려졌다. 사표가 수리된 것이다. 기분은 날아갈 듯했으나 당장 실업자가 되는 것이었다. 그 당시 내 나이 49세인데 금융위기의 여파로 재취업도 거의 불가능한 세상이었다.

그렇게 뒤통수를 얻어맞은 듯 멍하니 세월을 보낼 수밖에 없었다. 그 당시는 나뿐 아니라 내 직위 정도의 전문 경영인들이 모조리 해직되는 등, 대량 실업 사태를 불러왔다. 어떤 사람은 출근하는 척, 정장 입고 집에서 나와 산에 가는 등, 소일하고 지냈지만, 몇몇 사람들은 수입이 갑자기 끊겼으니 몇 푼이라도 벌어 볼까 하다가 금융 피라미드로 사기를 당해 목돈을 날리는 등 어수선했다.

엎친 데 덮친 격으로 아내는 갑자기 내게 이혼장을 들이밀었다. 청천벽력이었다. 뒤통수를 연타석으로 맞은 기분이었다. 소위 '오사카공항의 이별'이라고 '황혼이혼'이라는 것을 내가 당할 줄 몰랐다. 아내가 갱년기 들어 우울증을 심하게 앓고 있기는 했지만, 내 인생에서 이혼이라는 가정파괴 내지는 가족 해산을 당할 줄은 몰랐다. 우리 집안에서도 처음 있는 일이라 형제들도 모두 말도 안 된다며 극구 반대했다. 이미 엎지러진 물을 쓸어 담을 수는 없었다. 나도 가뜩이나 스트레스가 심해 있던 참에 매일 아내의 징징거리는 원망을 더 이상 참을 수 없었다.

아내는 미리 준비했는지, 재산을 절반으로 나눴는데 내가 퇴직금으로 주식 투자하고 있다가 깡통이 된 계좌 금액의 최초 투자분을 근거로 계산했다. 잔고가 얼마인지는 내 책임이니 중요하지 않다는 것이었다. 거기서 내 지분 중 또 절반은 아들딸 결혼 자금으로 미리 떼어야 한다며 고집했다. 결국 단칸방 전세 자금만 쥐고 갈라선 것이다.

새천년을 맞으면서 앞으로 펼쳐질 내 인생은 암담하기만 했다. 이제 완전히 판이 달라진 인생 2막인데 무엇을 하고 먹고 살아야 할 것이며 과연 혼자 어떻게 살아가야 할 것인지 막막하기만 했다. 빈 찬장에 햇반 몇 개만 을씨년스럽게 자리 잡고 있었다. 국민연금도 나오기 전이니 수입은 전무했다.

댄스에서 답을 찾다

우선 생활비로 쓸 돈이 필요했다. 재취업은 알아봤으나 자리도 없었지만, 위험 부담이 많은 사업들이 남의 돈을 탐내고 있었다.

그러다 눈을 돌린 것이 지난 10년 동안 형제간에 아버지 부동산 유산을 놓고 벌이고 있는 재산 싸움이었다. 형제들만 있다면 대화로 풀 수 있었겠지만, 모두 결혼해서 남의 식구까지 들어온 마당에 합의점은 못 찾고 반목과 갈등만 심해졌다. 특히 큰 형님과 둘째 형님 간의 반목은 심각한 수준이었다. 두 형수님도 만만치 않았다. 유산으로 남긴 부동산이 큰 형님은 장남이니 자기 재산이라고 주장하고 둘째 형님은 실질적인 가업 계승자는 자기이니 자기 재산이라고 주장했다. 나는 셋째이고 나는 그 재산 없어도 자립할 수 있으니 재산싸움에서 처음부터 빠진다고 했었다. 내 밑에 동생이 둘 더 있다. 아버님은 돌아가셨으나 계모는 살아 있다. 동생들은 내 눈치만 보며 내가 중간 입장이니 이 문제에 적극 개입해서 해결점을 찾아달라고 했다. 돈도 필요하지만, 집안싸움이 어디까지

번질지 모른다는 우려 때문이었다. 그러나 이렇게 복잡하게 얽힌 6명이 재산 분할에 합의한다는 것은 거의 불가능하다고 생각하고 있었다. 그래도 동생이 어린아이 등에 업고 둘째 형님에게 찾아가 재산 분배 얘기를 하니, 둘째 형님은 첫째 형님과 원수지간으로 지내는데 모두가 합의 도장을 찍어 오면 자기도 합의하겠다는 선언을 했다. 그러나 혼자 다 차지하겠다는 큰 형님의 고집으로 보아 불가능하다고 본 것이다. 그래서 내가 나섰다. 횡성에서 법무사와 부동산소개업소를 차려 생활하는 큰 형님을 찾아가 합의를 설득했다. 나도 당장 굶어 죽을 판이지만, 이 갈등을 죽기 전에 우리 세대에서 끝내자고 했다. 큰 형님은 당뇨가 심해서 오래 살 것 같지도 않아 보였다. 이날 내 설득이 주효해서 합의서 도장을 받으며 드디어 재산 분할을 하게 된 것이다. 6명이 각자 나눈 유산은 개인당 1억 8천만 원이었다. 내게는 마른 땅에 단비였다. '하늘이 무너져도 살길이 있다'더니 이런 것을 두고 하는 말이었다. 큰 형님은 6개월 후 심근경색으로 갑자기 세상을 떠났다.

이 돈으로 동생은 여주에 전철이 연장될 것이니 투자 목적으로 땅을 샀다고 하고, 목회 활동으로 곤궁한 막내는 빚을 갚았다고 했다. 나는 우선 당장 생활비로 써야 하니 투자는 언감생심이고 그래도 한 번에 다 쓰지는 못할 것이니 어디에 쓸지 고민해야 했다.

그 무렵 성남에서 전문경영인모임으로 만나던 지인들이 할 일이 없다 보니 자주 만났다. 나처럼 실업자가 되고 나서 그중에는 사기를 당해 큰돈을 잃고 극단적 선택을 했거나 극심한 스트레스와 생활 패턴 변화로 갑자기 건강이 나빠져서 사망하는 등 나쁜 소식들이 날아들었다. 한두 명이 아니다 보니 남의 일이 아니라는 생각이

불현듯 들었다. 그래서 다른 것보다 건강이 무엇보다 중요하다는 생각을 하게 되었다. 걷기도 해보고, 등산도 매일처럼 다니고, 자전거도 타 보는 등 여러 가지 운동을 했다. 그러다 보니 이혼 전에 아내와 같이 시작했던 댄스스포츠가 가장 내게 잘 맞는 운동이라는 확증을 갖게 되었다. 당시만 해도 댄스는 사회적 편견이 심해서 선뜻 참여하는 사람이 많지 않았다. 그러나 그간 물의를 빚던 사교댄스가 아니라 댄스스포츠라는 새로운 댄스 풍조는 훌륭한 사회체육이었다. 가는 곳마다 남자가 귀하다 보니 싱글남이 오히려 인기였다. 올림픽공원 스포츠교실, 등 여러 댄스 동호회에서 내게 회장이라는 감투도 씌워지자, 본격적으로 나설 수밖에 없었다.

2003년, 내가 받은 유산의 첫 투자로 댄스의 본고장 영국에 댄스 유학을 결정하게 된다. 국제댄스스포츠지도자 자격증을 따오는 일이었다. 이혼하지 않았다면 아내가 동의할 리 없는 황당한 목돈 투자였으나 이젠 나 혼자이므로 내 결심이 곧 실행 결정이었다. 자녀 등, 가족에 대한 투자만 했지, 나를 위한 투자는 처음이었다.

영국 유학을 성공리에 마치고 오자마자 지인들이 댄스동호회를 결성하자고 하여 만든 것이 '댄스엔조이'라는 동호회였다. 5년간 회장을 맡으면서 회원 3,000여 명을 확보했다. 댄스라는 공통 주제를 놓고 매일 춤을 추고 즐기며 토의하는 생활이 즐거웠다.

여기서 장애인들과 인연이 맺어진 것이다. 우리 회원 중에 두툼한 돋보기를 쓰고 춤을 같이 추던 회원이 한 명 있었는데 침구사 직업을 갖고 있었다. 몰랐었는데 자신이 시각장애인이라고 했다. 다른 장애인들도 춤을 추고 싶어 하는 데 도와달라고 했다. 전혀 보지 못하는 전맹들인데 비장애인이 파트너로 도와주면 그들도 춤이라는 세상을 경험하며 행복해할 것이라고 했다. 당시만 해도 모두가 젊고 예쁜 여자 파트너와 춤추기를 바라는데 장애인과 함께 춤을 춘다는데 합류해 줄 사람 찾기는 어려웠다. 그러나 나는 호기심을 가지며 한번 해보자고 했다.

장애인과 함께
댄스 인생의 화려한 피날레

처음으로 봉사단체 실로암 출신의 40대 시각장애인들 대여섯 명에게 자이브라는 춤을 가르쳤다. 몇 달 연습 후 '여성의 날' 행사에 식전 오프닝무대에서 춤을 춘다고 하여 무대에 올랐다. 이날 노무현 대통령이 참석한 자리였다고 들었다. 그다음 행사로 '장애인의 날' 오프닝 무대에 섰다. 이날은 영부인이 와 있었다고 들었다. 이날 행사가 끝나자 내 파트너는 카메라를 꺼내며 사진을 같이 찍자고 했다. "눈이 안 보이는 사람이 사진은 왜 찍느냐?"고 물으니 자랑스러운 아들에게 멋진 의상을 입은 엄마 모습을 보여주고 싶다는 것이었다. 그 입장을 나는 몰랐던 것이다. 장애인의 마음을 이해할 수 있는 일이었다. 이 일을 마지막으로 장애인과의 댄스는 끝이라고 생각했다.

그러나 몇 년 후 이 일이 알려지면서 서울시 장애인댄스스포츠연맹에서 내게 연락이 왔다. 장애인댄스스포츠연맹이 정식으로 인가받아 결성되었고 본격적으로 선수 활동을 한다는 것이었다. 내가 경험이 있으니 와서 코치 겸 선수로 활동해 달라고 했다. 무보수 자원봉사라고 했다. 가서 보니 회장은 현역선수 활동 중인 자기 아들과 딸을 장애인 파트너로 훈련 중이었다. 그 외에는 비장애인 봉사자를 구할 수 없으니 도와달라고 했다. 흔쾌히 승낙하고 보니 나보다 5살이나 많은 60대 할머니가 앞이 전혀 안 보이는 전맹이니 내가 알아서 파트너로 코치로 봉사해달라고 했다. 다른 시각장애인들은 그래도 앞이 흐릿하게나마 보이는 약시라서 가르치기 쉬웠다. 그것도 스텝의 움직임이 많지 않은 자이브나 차차차 정도의 라틴댄스였다. 그런데 이 할머니는 선천성 시각장애인이라 어떻게 가르쳐야 할지 막막했다. 그래도 나를 "선생님!"이라며 극진히 대하니 나도 잘 해주고 싶었다. 다행히 몸이 바짝 말라 가벼운 것, 전맹이라 파트너에게 전적으로 의지하여 춤을 출 것이니 왈츠를 가르쳐서 대회에 나가 보겠다며 훈련시켰다. "왈츠는 파도치듯이 몸을 움직여야 한다"고 설명했으나 파도를 본 적이 없단다. 내친김에 탱고도 가르쳐 보려고 "탱고는 게걸음 걷듯이 스텝을 옆으로 하면 된다"고 했더니 게걸음은 물론 게를 본 적이 없다고 해서 막막했다. 그래도 이 할머니와 서울시장애인댄스연맹 대표로 몇 차례 대회에 나갔다. 얼마 후 동료들이 70대에 가까워 모두 연로해서 댄스하기에는 너무 늙었다며 은퇴한다고 하여 이별하게 되었다.

그다음에 세 번째로 만난 시각장애인 파트너와는 제대로 춤을 췄다. 40대 젊은 시각장애인이었는데 나와 체격 조건도 잘 맞았다. 하나를 가르치면 그 이상까지 금방 깨우쳤다. 왈츠, 탱고, 퀵스텝, 폭스트로트, 비에니즈 왈츠까지 스탠더드 5종목 전문 선수로 대회마다 출전했다. 전국체전 장애인댄스에서 3년간 메달리스트가 되기도 했다. 자부심도 대단해서 자신은 비록 시각장애인이지만, 일반인 못지않게 춤을 출 수 있다고 했다. 그래서 장애인댄스 대회는 물론 일반인 댄스대회에도 나랑 일반인 자격으로 나가서 당당히 수상하곤 했다. 여수까지 내려간 여수시장배 댄스 대회에서는 오전에 장애인 대회에 참가하고 다른 장애인들은 귀경했으나 우리 커플은 남아서 오후에 비장애인 대상 댄스 대회에서 일반인들과 동등하게 기량을 겨뤘다. 이날 일반부, 장년부, 아마추어부까지 출전하여 두 개 부문 우승, 아마추어부 준우승이라는 빛나는 성과를 거두고 돌아왔다. 이 파트너와는 국립극장에서 벌어진 대한민국장애인예술대전에서 대중 무용 부문 대상까지 수상하고 헤어졌다. 이후 나는 여세를 몰아 소문 듣고 온 일반인 여성 파트너들과 댄스 대회에 출전해서 수상하는 등, 댄스 인생을 활짝 피웠다.

내 인생에서 장애인들과의 댄스는 아름다운 추억이며 댄스를 배운 목적 그 자체이기도 했다. 나는 덕분에 일반 동호인으로 댄스스포츠에 입문해서 지도자, 선수, 강사, 기자, 칼럼니스트, 9권의 댄스 책 저자, 장애인 봉사까지 모든 과정을 섭렵한 댄스 전문인이 될 수 있었다. 지금도 유명 매체에 댄스 칼럼을 쓰고 있다. 30년 동안 댄스 덕분에 다져진 체형이나 체력 때문에 건강한 편이다. 이제 고희를 넘긴 나이지만, 후회 없는 인생이었다.

같이 활동했던 장애인들은 코로나 사태 때 댄스는 그만뒀지만, 지금도 장애인 모델, 마라톤, 등산 등으로 교류를 이어가고 있다.

BEAUTY IS BORN
FROM ADVERSITY

BEUTY IS BORN FROM ADVERSITY

장려상　김준희 작가

"살아갈 용기는 그 자체로
보상을 가져온다."
　　　　-Rachel L. Schade

결혼이 나에게 준 선물

"오늘 늑대와 싸우면,
내일 사자와 싸울 힘이 생긴다."
─마트쇼나 드리와요

달콤함이라는 함정

"가까이에서 보면 비극, 멀리서 보면 희극"인 무대. 펼쳐 보이는 역할들이 변화무쌍하다. 부러움의 대상도 들여다보면 비극의 주인공으로 눈물 몇 방울 떨어뜨릴 준비가 되어 있고, 현실적인 함정에 빠져 절대적이라 믿었던 것들도 착각이었음을 알게 된다.

24세 건강하고 풋풋한 여자. 긴 생머리에 솜털 보송한 48kg의 군살 없는 꿈 많은 여자가 한 남자의 프러포즈를 거절 못하고 귀신에 홀려 사기당하듯 결혼한다. 미래에 대한 고민을 다 해결해 줄 것만 같았던 남자의 듬직함의 함정에 빠진 건 1995년 4월 15일이다.

달콤함은 있었던가! 현실의 삶에 녹아버린 사랑의 사탕은 흔적도 없이 사라졌다.

스물네 살의 나이에 감당하기 버거운 현실의 냉혹함이었다. 시간을 탓하며 남편만 바라보는 찌질이가 되어갔다. 남편에게 기대했던 든든함은 신기루처럼 사라졌다. 남편도 내가 보살펴야 하는 아이였음을 깨닫기에는 그리 오랜 시간이 필요한 건 아니었다. 나 자신도 감당하기 힘들어 기대고 싶었던 도피성 결혼이었음을 고백한다. 그러나 소나기 피하려다가 장마를 만났다. 내 현실은 나를 힘들게 했고 끊이지 않는 시험을 치는 학생 같았다. 달콤한 맛을 인지한 후 바로 허무함에 빠져버린 넋두리가 푸념으로 터진다.

결혼 전 하지 않았던 밥하기, 반찬 만들기, 빨래하기, 청소하기는 전업주부라는 직업인이 되었다. '행복한가'를 질문했다. 남편은 결혼생활을 만족했고, 그 모습에 나는 적격인 듯 잔잔한 미소로 얇은 전업주부의 자리를 누리고 있었다. 엄마가 아이에게 끼니를 챙겨주고 뿌듯해하는 모습처럼 남편에게 모성애를 느끼는 건가. 남편을 구조해 준 생명의 은인인 듯 인정의 욕구가 솟구쳤다.

결혼 1년이 지나고 가족이 늘었다. 너무 예쁜 아들이 태어났다. 아기와 함께 보내는 시간이 천국이었다. 아기로 인해 결핍의 불감증이 빠르게 사라져 갔고, 뜨거운 무언가가 나를 힘이 센 여자로 바꿔 놓았다. 이젠 나의 직업이 엄마다. 나의 생활은 아기가 중심이 되었고, 아기로 인해 행복과 불행이 교차 되었다. 아기가 아프면 불행하고, 아기의 컨디션이 좋으면 나도 행복했다. 아기가 나의 삶을 송두리째 바꿔놓았다. 아기에게 빠질수록 남편에게 불만이 생겼다.

남편의 월급으로 생활하기가 빠듯했다. 둘이 살기도 부족했는데 아기와 함께 셋은 더 부족했다. 경제적 결핍에서 오는 불편함과 경제적 자유의 간절함이 하루하루 커지고 있었다. 엄마로 행복했지만 경제의 어려움은 날 어둡게 했다. 남편의 주머니만 쳐다보고 있는 내가 한심하기도 했다. 둘째 아기가 태어났다. 아들이다. 딸이길

원했으나 인력으로 되는 게 아니다. 신기하게 둘째 아이는 왜 더 이쁜 건지. 내리사랑이 이런 건가. 생활의 어려움은 더 커졌다. 작은 아이가 첫돌이 지났고, 큰아이가 어린이집을 다니게 되면서 나는 일을 하기 시작했다. 또 다른 직업이 생겼다. 직장인이다. 직장을 다니며 육아하고 살림도 하는 만능 일꾼이었다.

아이는 버팀목

어느 날 아침 거울을 보는데 내 모습이 낯설었다. 핏기 없어 보이는 내 모습에서 삶의 궁핍과 하루살이 인생에 웃음이 사라져갔다. 밝았던 내 모습은 사라지고 '오늘만 잘 넘겨보자.'를 외치고 있었다. 교회 가서 어찌나 울었던지 눈이 부어 눈을 뜰 수 없었다. 너무나 예뻤던 나의 아이들은 버거운 짐처럼 느껴졌고 우울했다. 기저귓값 아끼려고 손목이 시리도록 천 기저귀를 삶으며 배변 훈련을 했다. 눈치가 빨랐을까! 아이는 기저귀도 빨리 떼고 동네 친구들과도 잘 어울렸다. 우울한 시간이 슬프게 할 겨를 없이 전쟁처럼 아이들과 지지고 볶았다.

남편은 한 번의 직장을 변경했고 지입차량으로 박스를 나르는 운송 사업을 했다. 작은아이가 돌 지날 무렵 남편은 외박을 했다. 외박을 할 사람이 아닌데 걱정이 됐다. 사업장이 집에서 가까워 작은아이를 업고 큰아이와 함께 사업장에 갔다. 사무실 문을 여는 순간 너무나 충격적인 모습에 눈물이 났다. 내가 의지하고 믿었던 남편이 사람들과 노름을 하고 있었다. 남편도 돈을 따 가정에 보탬이 되고 싶었다고. 핑계인가 중독자의 괴변인가. 그 자리에서 주저앉고 말았다. 어린 나이에 결혼하고 사회 경험도 많지 않던 내가 그 광경은 너무 충격이었다. 왜 이런 시련이 나에게 있는지. 원망과 억울함으로 그날은 눈물만 흘렸다. 시어머니를 오시라 하고 아이를 두고 집을 나갔다. 갈 곳이 없었다. 마침 아는 언니에게 전화가 왔고 경기도 광주 시내에서 만났다. 언니와 주점에 가서 레몬 소주를 빈속에 부었다. 금방 취했다. 취한 채로 언니는 나를 집에 데려다주었다. 4시에 집을 나섰는데 귀가 시간이 8시였다. 갈 곳이 없는 현실에 서럽고 억울했다. 가정만 보고 살았는데 아이들만 챙기며 살았는데 왜 나에게 이런 일이 생기나 싶어 서러웠다.

   결혼 때 혼수로 받았던 순금 반지가 없어졌다. 목걸이와 팔찌는 살림이 어려워 진즉에 팔았고 어려워도 팔지 않았던 반지다. 반지마저 팔아버린 남편과는 이제 끝이라는 생각밖에 없었다. 결혼을 맺어준 증표가 반지다. 결혼반지도 팔고, 사업에 필수인 대형트럭도 노름으로 날렸다. 그날의 충격으로 남편과의 사이는 급격하게 나빠졌다. 모든 걸 다 믿고 맡겼던 경제권이 '빚'이라는 어두운 먹구름이 내 마음을 덮어 버렸다. 남편에게 이혼을 요구했다. 시어머니에게도 이렇게는 못 살겠다고 말씀드렸다. 아이들을 보며 유야무야 지나갔다.

   그 일이 지난 후 남편은 사업을 정리했고 교회 집사님의 소개로 한 시간 거리의 안성에 있는 직장에 취업했다. 남편의 전공을 살렸다. 다행히 일은 적성에 맞았고 열심히 일했다. 과거의 힘들었던 어려움을 거울삼아 새로운 모습으로 변화되길 바랐다. 열심히 한 결과 부장에서 1년이 지나지 않아 공장장으로 승진했다. 직원들을 통솔해야 했기에 회식도 잦았고 야근도 많앉다. 아이들과 함께하는 시간은 나만의 몫이었고, 아이들은 아빠와 함께하는 시간에 목말랐다. 가뭄에 콩 나듯 남편이 쉴 때 아이들을 데리고 계곡, 수영장, 낚시도 갔다. 평범한 시간이 우리 가족에게도 일상의 작은 행복이었다.

날마다 남편이 일찍 퇴근하길 기다렸다. 거리가 멀어 일찍 와도 8시가 다 되었다. 불만이 쌓이고 독박 육아의 힘겨움은 나를 더 강인하게 만들었다. 어느 날 남편은 집에 들어오질 않았다. 외박의 트라우마는 내 마음을 또 불안하게 했다. 처음엔 화가 났다가 시간이 지날수록 무사하기만을 기도했다. 다음 날 아침 회사에서 연락이 왔고 무사히 잘 있다고 했다. 안도했다. 화가 무슨 소용이랴. 이미 엎질러진 물이니 또 지나가야 한다.

급여일이 되었다. 남편의 월급은 터무니없이 적었다. 그때 알았다. 왜 집에 들어오지 않았는지. 두 번의 음주 운전은 우리 형편에 고액의 벌금으로 마무리되었고 한번은 인사 사고라 처리 과정이 복잡했고 피해보상이 적지 않았음을. 회사에서 인사 사고 처리를 해준 대신 급여에서 상계 처리하고 급여를 받기로 한 것이다. 네 명이 생활하기 빠듯한 급여가 그나마 반으로 줄어 앞이 캄캄했다. 게다가 면허는 취소되었다. 또 실망에 남편과는 대화는 없어졌다. 자꾸만 구렁으로 빠지는 것 같았다. 어디까지 나락으로 떨어져야 멈출까.

갑작스레 벌어진 사고로 남편 직장 근처로 이사를 해야 했다. 경기도 광주에서 둘째를 낳았고 뿌리 내리고 싶었던 정든 곳이다. 나는 직장에서 승진을 앞두고 있었다. '빚도 갚고, 조금씩 저축하면 작은 집이라도 구입할 수 있을 거야.'하는 희망이 있었다. 독박 육아와 힘겨운 직장생활과 가사 노동도 기꺼이 할 수 있었다. 아이들이 어린이집에서 끝나면 직장으로 온다. 퇴근할 때 작은아이가 잠들면 업고 퇴근했다. 아이를 업고 1km를 걸어야 했다. 작은아이는 업고 큰아이는 손을 잡고 걸었다. 몽둥이로 얻어맞은 듯 허리가 아팠다. 아이를 너무 많이 업은 탓일까 아직도 허리가 아프다. '이 또한 지나가리라.' '이 어려움이 지나면 기쁜 일만 가득할 거야.' 하는 글. 위로가 되지 않았다. 아이들만 보면 마음이 단단해진다. '너무 예쁜 아이를 내가 지켜줘야지.' 그 생각만 가득했다.

2002년 10월 28일 경기도 광주에서 안성으로 이사 오던 날 저물어가는 태양을 향해 차를 타고 달리기 시작했다. 눈물을 흘리며 정들었던 직장을 그만두고, 친자매처럼 지냈던 언니들과도 이별 후 마음을 잡을 수 없었다. 그날의 태양이 아직도 생생하게 기억난다. 석양이 너무 아름다웠다. 붉은 태양을 보고 달리다 보니 어둠이 오기 시작했다. 초행길의 두려움으로 다시 집으로 돌아오는 길. 반드시 이 어려움을 극복해 나갈 것이라는 강한 의지가 생겼다. 누구에게나 아침이 오고 태양은 떠오른다. 열등감도 허세도 나에겐 사치가 되어버린 순간 절실함으로 아이들을 떠올렸다. 무조건 지켜내야 할 나의 알맹이. 보석들이다. 남편은 내게서 어떠한 역할도 하지 못하고 솔숲에 바람처럼 맴도는 성난 회오리 같았다.

남편의 회사는 걸어서 7분 정도 걸렸다. 남편은 매일 술을 마셨고, 술 마신 날은 결근하거나 오후에 출근했다. 아이들 보기에 너무 창피했다. 잦은 말다툼으로 따뜻한 가정이 되기는커녕 온기 없는 집에 들어가기 힘들었다. 네 명 모두 힘들었다. 여전히 신용불량자의 남편, 돈 문제는 해결되지 않았고, 월세 내는 날과 카드값 나가는 날엔 돈 걱정에 한숨만 났다. 남편은 똑똑하고 리더십도 좋앉다. 중책을 맡아 밑에 있는 직원들 통솔도 잘했다. 법 없이도 살 사람이라 주위에서도 칭찬했다. 인성 평가가 좋은 건 인정한다. 그러나 삶의 질 개선에는 변화가 없었다. 운명의 장난에 놀아나고 있는가. 선택을 잘못한 결과일까. 팔자가 사나운 걸까.

'내가 추구하는 결혼은 이게 아니었잖아.' 나의 부족함을 채워주고 외로움을 포근하게 감싸 주길 바랐다. 든든한 어깨에 기대고 싶었던 나의 결혼생활은 모든 것이 처음 경험하는 혹한기였다. 이상과 현실은 좁혀지지 않고 멀기만 했다. 금과 같은 시간. 가정을 지옥으로 만들기엔 아이들이 너무 귀했다. 희망은 멈췄고 깨달음으로 두고 보자니 내 인생도 너무 아까웠다. 남편만을 탓하기엔 흘러가는 시간이 아까웠다. 냉한 분위기를 바꾸기보다 피하고 싶었다. 내 가슴엔 무엇으로 차 있나. 스스로 가치를 생각해야 했다. 천금 같은 명언도 실천하지 않으면 쓰레기나 마찬가지다. 나의 마음이 굳게 닫혀 있다면 아무리 문을 두드려도 문이 열리지 않는다. 문을 열고 환기를 시키자. 마음에서 외치고 있는 소리를 들어보자.

공부를 하자. 내면의 외침이었다.
2003년 1월 한국방송대학교에 입학원서를 마감 1분을 남기고 접수했다. 조퇴하고 수원 정자동까지 가는데 차가 막혀 초조했다. 겨우 입학원서를 접수하고 내려오는 길. 다짐을 했다. '아무리 힘들어도 그냥 해보자', '하다 보면 어떠한 기회가 오겠지'. 환경 탓, 남편 탓 그만하고 내가 변하기로 했다. 가장 빠른 변화는 남을 변화시키는 게 아니라 내가 변하는 것이다. 내가 변하기로 한순간 열정이 훅 올라왔다. 고난과 어려움이 나를 성장시키는 원동력이 된다. 어려움은 늘 예상치 못하게 찾아온다. 언제 어디서 무슨 일이 생길지 모르는 게 인생인가. 그 와중에 또 다른 꿈이 생겼다.

나에게 힘이 생겼다. 어려움을 이겨내는 내면의 힘. 오뚜기처럼 다시 일어나는 회복탄력성이 생겼다.

그 시절 나는 웃음이 없었다. 항상 어두웠다. 치열한 삶의 직장생활, 가사 노동, 아이들 학교 수업 챙기기, 거기다 공부까지 해야 했다. 친구들 만나는 걸 좋아했지만 친구 만날 시간도 없었고 누군가를 만나 하소연조차 할 시간이 없었다. 몸이 두 개라도 모자라는 시간에 친구를 만나는 건 사치였다. 새벽 5시에 일어나 1시간 공부하고 6시부터 아침 식사 준비. 7시에 아이들과 밥을 먹고 8시 30분에 아이들과 함께 집을 나섰다. 9시부터 저녁 6시까지는 회사에서 일을 하고 집에 돌아오면 아이들 씻기고 밥 먹이고 숙제하는 시간이었다. 아이들이 자는 시간이 달콤 쌉싸름한 나만의 시간이다. 집 정리를 하고 나면 11시 정도가 되었다. 육아하는 엄마들은 안다. 이 시간이 얼마나 달콤한 시간인지. 새벽 한두 시에 잠이 든다. 지금 생각해 보니 '어찌 살았는지.' 기특하다.

직장생활과 가사에 아이들 케어하면서 공부할 시간을 쪼개야 했다. 틈틈이 책을 보고 방송강의를 들었다. 하루하루 쌓여가는 시간에 아이들은 성장하고 있었고 직장생활은 익숙하고 편해졌다. 누적된 시간만큼 나에게도 약간의 자유와 익숙함의 여유가 생겼다. 어찌나 상큼한지 하늘 보며 한숨짓고 미소 짓는 시간도 생겼다. 얼마 만에 느끼는 뿌듯함인지. 어색했다.

방송대학교는 4년 만에 졸업하기가 힘들다. 대부분이 직장생활 하며 공부하는 주경야독이라 공부만 몰입할 수 없다. 나의 목표는 4년 만에 졸업하는 것이었다. 과락은 계절수업을 들었고 직장생활과 아이 돌보는 시간을 제외하고 얼마 안 되는 시간 모두 공부했던 것 같다.

수면 부족은 기본이다. 시험 기간이면 공부 스트레스가 적지 않았다. 4년 만에 졸업하는 목표를 이루기 위해서는 무조건 이겨내야 한다. 드디어 졸업. 목표를 이루었다. 4년 만에 졸업이다. 하늘을 나는 기분이 이런 걸까. 환호성이 저절로 났다. 그날은 직장동료들과 시원하게 맥주를 마셨다. 공부하는 동안 맥주 한 잔도 편하게 못 했다. 졸업을 하니 용기도 자신감도 저절로 상승했다. 무슨 일이든 할 수 있을 것 같았다. 성취감 200%였다.

공부하는 동안 직장생활도 변화가 있었다. 직장을 그만두고 뜻이 같은 몇 명과 창업을 했다. 내가 먼저 창업을 제안했고 세 명은 흔쾌히 승낙했다. 남편의 수입은 일정하지 않았다. 적은 내 수입으로 많은 것을 처리했다. 성실하면 꼬박꼬박 받는 급여로 안정적인 생활을 할 수 있다. 수입에 맞게 지출을 조절하면 된다. 남편은 직장을 그만두고 시어머니의 하천부지 보상받은 일부금으로 식당을 인수했다. 남편의 수입은 들어오기가 무섭게 다 나가버리고 저축은 턱도 없었다. 남편과 나는 따로 각자의 직장에서 성실하게 일했다.

직장생활의 변화는 나의 경제도 큰 변화였다. 창업하고 1년 정도는 직원들 급여도 겨우 맞춰나갔다. 2년째 접어들면서 계약체결도 조금씩 늘어났고 수익도 나기 시작했다. 당연히 나의 수입도 늘었고 해보지 못한 여가 활동도 했다. 대학교 CEO 과정도 수료하고 여러 가지 자격증도 취득했다. 그동안 하고 싶은 게 뭔지 고민했다. 방송대에서 하던 공부 습관이 남아있던 탓일까. 공부를 하지 않으면 아깝고 불안했다. '공부를 하자.' 사회복지학과 석사를 시작했다.

머물러 있는 자신보다 지속적인 성장을 하고 싶었다. 공부에 대한 목마름이 있었을까. 스스로 부족함을 잘 안다. 지적 호기심이 채워지지 않았다. 석사를 마치고 바로 박사과정을 밟았다. 어디까지 공부해야 끝이 나는지 가보자! 하는 마음이었다. 1년에 100권씩 닥치는 대로 책을 읽었다. 100권 정도를 읽고 나니 어휘력이 달라졌다. 말하는 게 무섭지 않았다. 독서의 힘이 대단하다는 걸 알게 되었다. 스트레스받을 때마다 책을 읽었다. 그렇게 독서는 나를 치유해 주는 의사였고 멘토였고 친구이자 스승이었다. 성장하고 있는 모습이 너무 뿌듯했다.

남편과는 사이가 좋아지질 않았다. 2009년 이혼을 했다. 아이들은 내가 양육하기로 했다. 마음이 너무 아파 많이 울었다. 시원함, 섭섭함, 아쉬움, 허무함, 후회의 감정이 교차 되어 흘린 게 아닐까. 빨리 안정을 찾아야 했다. 애들 아빠와 헤어지고 일이 더 잘 됐다. 작은아이는 야구 특기생으로 천안에 있는 학교로 통학했다. 작은아이의 통학은 내 몫이다. 시간은 회사, 학교, 집, 아이들이 전부였다. 시간 쪼개 쓰기 달인이 되었다. 아이들 아빠는 처음 몇 번 양육비를 주더니 몇 개월이 지나고는 양육비를 주지 않았다. 양육비 문제가 해결되지 않아 스트레스를 받았다. 이혼을 해도 끝난 게 아니었다.

내가 흔들리지 않았던 건 오로지 아이들 때문이었다. 만약 나에게 아이들이 없었다면 어땠을까. 나에게 아이는 나를 지탱해 주는 버팀목이다.

2015년 7월 6일 점심시간쯤. 회사에서 점심을 먹고 사무실에서 쉬고 있는데 큰아이에게서 전화가 왔다. 큰아이는 울기만 했다. 나는 놀라 소리쳤고 왜 우냐고, 울지 말고 얘기하라고 달

랬다. "엄마…. 흑흑…. 아빠가…. 죽었대…." 큰아이는 전화를 붙들고 울었고 나도 같이 울었다. 큰아이의 우는소리가 더 가슴 아팠다. 아빠가 사망했다고 경찰서로 오라는 비보였다. 하늘이 무너져 내리는 것 같은 놀라움에 온몸이 떨려 걷지도 못했다. 울면서 큰아이와 함께 안성경찰서로 갔다. 힘들었던 결혼생활이 주마등처럼 지났고 애들 아빠와는 모든 게 끝인가. 이제 진짜 이별인가. 눈물만 흘렸다.

1인 가구로 혼자 살다가 사망했기에 국립과학수사연구원에 부검을 의뢰했다. 결과가 나와야 장례를 치를 수 있다. 사인은 심장마비다. 장례는 4일장이었다. 부검 때문에 어쩔 수 없었다. 이렇게 가려고 나를 힘들게 했는지 원망스러웠다. 내 감정은 말로 표현이 안 됐다. 가슴이 먹먹하고 쓰렸다. 지금도 애들 아빠를 생각하면 불쌍하고 마음이 쓰라리다. 2014년 암으로 먼저 떠난 언니와는 슬픔 자체가 달랐다. 각별히 사이가 좋았던 혈육을 잃은 아픔보다 애들 아빠의 사망은 무게가 달랐다. 아이들이 있어서 그런가. 벌써 9년이 되었다.

홀로서기가 필요할 때

　　외로움이 싫어 결혼했고 결혼을 통해 마음의 안정과 물질적 편안함을 누리고 싶었다. 그게 나의 오류였을까. 이상을 추구한 결혼생활은 가루가 되어 공기 중에 흩어져 버렸다. 오히려 나만 책임지면 되는 '홀로'가 더 편한 것임을 죽고 싶도록 아파본 후에야 알게 되었다. 눈물이 마르지 않았던 결혼생활. 찢어지게 가난했던 그 시절이 나를 단단하게 했다.

　　지난 결혼생활은 치열한 싸움이었다. 남편과 사회와 싸움. 그중 가장 큰 싸움은 나 자신이었다. 포기하고 싶었고 주저앉고 싶었다. 그럴 때마다 현재가 아닌 미래를 선택했다. 공부를 했고, 책을 읽었다. 그때의 인내가 지금의 내가 되었다. 아이들이 어른이 되는 과정을 보며 함께 성장했다. 이제는 아이들이 나를 위로해 준다. 결혼생활 동안 나는 단련 했고 성취했고 단단함과 용기도 길러졌다. 나를 홀로 설 수 있게 해준 애들 아빠가 세상에서 가장 크고 귀한 선물을 줬다. 고통 속에서 피어난 연꽃의 아름다움을 선사해 준 아이들이 있기에 고맙다. 오늘도 시행착오 속에서 살아간다. 홀로 맞섰던 게 얼마나 많은가. 당당하게 서 보자.

오랜만에 책장을 정리했다. 아주 오래된 책 한 권을 보았다. 시집이다. 책 속에 까만색 볼펜으로 적어놓은 "88. 12. 3. 토" 누군가에게 선물을 받은 건지 내가 직접 구입한 건지는 기억 나지 않는다. "홀로서기" 서정윤 시집이다. 값 2,000원. 고등학교 1학년 감성이 예민한 사춘기의 소녀가 읽었던 시집. 그 후로도 가끔 꺼내서 보곤 했다. 힘들 때 위로가 된다. 오늘도 이 시집을 보며 '갬성 갬성'한다. 36년 된 시집 한 권. 누렇게 변한 종이에 낡은 냄새가 나도 버리지 못한다. 그때처럼 또, 위로 된다. 좋은 글은 오랜 시간이 흘러도 감동을 준다. 감동과 위로가 되는 글. 글이 좋다.

홀로서기 4. 서정윤.
누군가가 나를 향해 다가오면 나는 〈움찔〉 뒤로 물러난다. 그러다가 그가 나에게서 멀어져 갈 땐 발을 동동 구르며 손짓을 한다. 만날 때 이미 헤어질 준비를 하는 우리는, 아주 냉담하게 돌아설 수 있지만 시간이 지나면 지날수록 아파 오는 가슴 한구석의 나무는 심하게 흔들리고 있다. 떠나는 사람은 잡을 수 없고 떠날 사람을 잡는 것만큼 자신이 초라할 수 없다. 떠날 사람은 보내야 한다. 하늘이 무너지는 아픔일지라도.

어릴 때 난 아버지에게 사랑과 관심, 칭찬을 받기 위해 재롱도 부리고 이뿐 짓을 했다. 어른이 되어서도 관계를 유지하기 위해 선물과 용돈, 없는 시간 쪼개서 의무적으로 찾아뵙곤 한다. 이건 효

도일까. 아니면 관계를 이어가기 위한 습관일까. 혼자가 무서웠던 결과일까.

너무 외로웠다. 외로움은 독인데 말이다.

좀 일찍 홀로서기를 했더라면 애들 아빠를 원망하지 않았을까. 아쉬움이 많다.

혼자 글을 읽고 적는다. 오롯이 나에게만 집중할 수 있는 이 시간. 혼자가 좋다.

이제 진짜 홀로서기를 해야 한다. 혼자여서 무서운 게 아니라 온전히 자신의 깊은 내면이 하는 얘기에 귀 기울여 본다. 자신이 하고 싶은 이야기. 그것을 찾는 작업이다. 앞으로도 쭈욱.

나 아닌 다른 존재로 인해 성취와 행복을 느낀다면 주도권이 뺏기는 것이다. 나의 주인은 나여야 한다. 타인에 의해 사는 삶이 아니라 자신만의 독립된 삶을 살아야 한다. 진정한 홀로서기의 삶이다.

나로 살아가기.

BEAUTY IS BORN
FROM ADVERSITY

BEAUTY
IS BORN
FROM
ADVERSITY

장려상　홍성화 작가

진실로 병이 낫고 싶다면
책임감을 갖고 치료의 주체가
자기 자신이 되어야 한다.

줏대있는 환자의
슬기로운 투병생활

일체유심조(一切唯心造)

불교 〈화엄경〉 게송에서 나온 말
일체의 모든 것은 오직 마음이 지어낸다.
그래서 '모든 것은 마음먹기에 달렸다'라고 하는 것이다.
내가 어떻게 마음을 먹느냐에 따라
생각이 바뀌고 행동이 바뀐다.
행동이 바뀌면 운명이 달라진다.

생지옥으로 떨어짐

"내래 지옥이 뭔지 알간? 내 식구들이 죽어 나가는 판에 손가락 하나 까딱 못하는 거, 소래기 한번 못 지르는 거 고거이 바로 지옥이야."

2017년 12월 27일에 개봉한 영화 《1987》에서 박 처장 역할의 김윤석 배우가 한 말이다. 배우의 눈가에 피눈물이 맺혀있는 모습을 보면서 2018년 9월 18일 오후 5시, 그날이 떠올랐다. 시간이 꽤 지나서 괜찮은 것 같다가도 당시를 떠올리면 몸이 움츠려지고 굵은 눈물이 그냥 툭 떨어지곤 한다. 그만큼 충격이 컸다.

그날 남편이 지방에서 급히 올라왔다. 서울아산병원 신관 소아청소년종양혈액과 146병동 상담실에서 우리는 담당 교수님과 처음으로 마주 앉았다. 전날 밤 소아응급실에서 했던 여러 검사와 지방 대학병원에서 준비해 준 소견서, 고관절 수술기록지와 각종 검사기록지, 영상 재판독을 종합해 드디어 진단명이 나왔기 때문이다. 무슨 병인지도 모른 채 일주일 동안 잠도 못 자가며 극심한 통증에 시달리게 한 주범은 바로 '급성 림프모구성 백혈병'이었다. 큰 범위에서는 혈액암이라고 부른다. 일반 고형암과는 다르게 종양세포가 혈관을 타고 신체 곳곳을 돌아다니기 때문에 지난 일주일간 검사를 할 때마다 병변 부위가 계속 늘어났고 많아졌던 것이었다. 살면서 이런 공포가 또 있을까? 아이는 아파서 난리인데, 병명을 모르니 이렇다 할 조치가 없어 순간순간 노심초사하고 그야말로 살얼음판이었다.

영화《1987》에서 김윤석 배우의 명대사 '지옥'이란 의미는 우리가 처한 상황과는 분명 차이가 있다. 그렇지만 셋째가 소아암이라는 진단을 받은 게 전부 내 탓 같았고 내 아이가 잘못될 수도 있는데 엄마라는 사람이 해줄 수 있는 게 아무것도 없다고 생각하니 이런 게 바로 생지옥이겠구나 싶었다.

백혈병은 골수에서 생성되는 백혈구에 변화가 생겨 백혈구 암세포가 증식하고, 정상 백혈구생성이 줄어 면역력이 떨어지게 되는 혈액암이다. 같은 백혈병이라도 초기 증상이 다 다른데 셋째의 경우는, 골수에서 백혈구 암세포가 빠르게 증식을 하면서 뼈가 팽창되자 극심한 뼈 통증으로 나타났던 것이었다. 그제서야 알았다. 그동안 왜 5분도 못 자고 자꾸 깨서 왜 그리도 찡찡댔는지…. 28개월 세 살배기 아기가 도저히 견딜 수 없는 통증이라 생각하니 가슴이 더욱더 미어졌다. 복장이 터졌고 가슴이 찢어진다는 게 뭔지 그때 처음 알았다. 숨이 안 쉬어지는 듯한 극심한 고통이 어떤 건지도 알 것 같았다. 아이가 어릴수록 엄마가 세상에서 전부인데 나는 백혈병이 무슨 병인지 전혀 몰랐다. 평소에 열나면 해열제 먹이고 기침하고 콧물 나면 무조건 동네소아과로 달려가는 아주 단순한 엄마였다. 아이를 건강하게 키우기 위한 노하우나 상식이 너무

빈약한 그런 엄마! 그래서 진단명을 들었을 때 뭘 어떻게 해줘야 하는지도 몰랐고 그저 병원에서 하라는 대로만 할 수밖에 없었다. 엄마로서 해줄 수 있는 게 아무것도 없다고 생각하니 그전까지 괜찮은 사람이라고 여기며 살아왔던 나의 자존감도 금방 바닥을 보였다. 드라마에서만 봤던 백혈병이라 가장 먼저 떠오른 단어가 '죽음'이었다. 이제 겨우 세 살인데 '우리 애기 불쌍해서 어떡해.'라고 생각하니 온몸이 바들바들 떨렸다. 너무 끔찍했고 눈물만 나왔다. 어린 자식이 이렇게 아프도록 몰랐다는 게 부모로서 한심했고, 아파하는 아이를 그저 보고만 있을 수밖에 없는 현실이 죽도록 원망스러웠다.

하루 전인 9월 17일 밤에 우리는 서울아산병원 소아응급실에 처음 발을 들여놓았는데 그곳은 대낮같이 밝은 곳이었고 의료진들의 움직임도 한낮 같았다. 나와 내 아이가 그런 곳에 가게 될 줄은 정말 꿈에도 생각하지 못했다. 마른하늘에 날벼락도 유분수지. 넋이 반은 나간 사람처럼 어벙벙해 있다가도 정신줄을 놓으면 안 되는 때였다. 시간개념도 없이 이리저리 불려 다니며 검사를 받았고 누구나 잠들어 있을 한밤중 새벽에 우리는 입원 수속을 밟았다. 어느덧 아침이 되었고 안내를 받아 따라간 곳이 146병동 소아청소년종양혈액과였다. 담당 교수님과 대면하기 전이라 짐작도 못 한 상태에서 태어나 처음 가본 그곳은 입구부터가 충격이었다. 핏기 없는 얼굴의 민머리 아이들과 생기 없는 표정의 보호자들이 왔다 갔다…. 낯선 그곳에 이방인인 우리가 왜 갔는지, 보이는 아이들마다 왜 민머리인지 그것부터가 충격이 너무 커서 정신을 바짝 차려야 할 때에 나는 자꾸만 흐리멍텅한 사람이 되어가고 있었다. 시작에 불과했는데 그곳에서 셋째에게 유일한 보호자인 나부터가 멘붕이었으니 앞이 정말 깜깜했다.

이제 진단은 내려졌고 앞으로는 빼도 박도 못하니 마냥 슬퍼만
할 수도 없었다. 주체할 수 없는 눈물을 훔치고 나와 남편은 담당
교수님의 말씀에 촉각을 곤두세워야만 했다. 우선 1차 항암 한 달
(4주)이 전체 치료에 있어서 매우 중요함을 거듭 강조하셨다. 그래
서 1차는 무조건 입원해서 처치해야 하고 항암 화학 요법을 실시
하면서 일주일 단위로 골수검사를 한다고 했다. 세 번의 추가 골수
검사에서 종양세포가 점차 줄어드는 게 보이면서 4주가 되는 시점
에 완전 관해가 되면 1차 치료는 성공한 거라고 했다. 골수검사에
서 골수아세포(혈액 속에 있는 백혈구의 미성숙 세포)가 5% 미만
이 되면 완전 관해에 도달했다고 판단하고 백혈병으로 인한 증상
도 사라진다고 한다. 이렇게 완전 관해가 되어야 2차 항암으로 넘
어갈 수 있단다. 담당 교수님 말씀처럼 1차 항암은 정말 무척 중
요했다. 대부분이 관해가 잘 되지만 그렇지 않은 경우도 있으니 결
과가 나오기 전까지는 잔뜩 긴장한 상태였다.

  2차부터 6차까지는 각각 두 달(8주)씩인데 1차에서 완전 관해가
되었더라도 1억 개의 잔존 백혈병 세포가 남아 있을 수 있다고 한
다. 따라서 완전 관해에 따른 급성백혈병 환자는 재발을 방지하고
완치하려는 목적에서 관해 후 항암요법을 실시한다고 했다. 항암
화학 요법은 먹는 약과 주사(정맥주사, 근육주사), 뇌척수액 검사를
하면서 척수강에 항암약물을 넣는 방법 등으로 반복이 되었는데,
치명적인 부작용을 일으킬 수 있다는 걸 알면서도 멈출 수가 없었
다. 오로지 암세포를 없애기 위한 일념 하나로 공포에 덜덜 떠는
모습을 보고도, 나는 냉정하게 금쪽이를 처치실로 밀어 넣었다. 그
렇게 나는 점점 더 독하고 강한 엄마가 되어야 했다.

지옥보다 더한 지옥에서 전화위복(轉禍爲福)의 기적

2019년 5월 마지막 주 월요일. 최상의 컨디션으로 외래 진료실 앞에서 차례를 기다리고 있었다. 그런데 이날 꿈에도 생각지 못했던 '재발소동'이 벌어졌다.

4차 항암이 끝나면서 골수검사를 했고 5차 항암 첫 번째 약물이 들어간 날이 5월 16일이었다. 스케줄대로 이날부터 열흘 동안은 병원도 안 가고 잘 먹고 잘 쉬고 잘 놀기만 하면 되었기에 투병하면서 이때가 가장 꿈같았다. 처음으로 멀리 드라이브도 갔고 산책도 하고 식당에서 맛있는 밥도 먹으며 하루하루를 소풍처럼 아주 즐겁게 보냈다. 그런데 5월 27일, 진료실에서 날벼락을 맞았다. 이후 모든 항암이 중단됐다. 담당 교수님께서는 당장 입원해 이식 절차를 밟지 않으면 죽을 수도 있다고 했는데 입원을 거부했다. 두려웠지만 겉으로는 눈 하나 꿈쩍하지 않았다. 아는 게 없어서 말을 아꼈다. 묵비권을 행사하니 입원 1순위로 계속 연기되었다.

그러는 동안 나는 재발이 아님을 끝까지 밝혀내야만 했다. 셋째의 말초혈액 수치나 컨디션이 계속 최상이었고 재발이라고 의심할 만한 증상들은 1도 없었기 때문에, 골수검사 결과만 보고 의료진들이 확신해서 하는 말들을 난 도저히 받아들일 수가 없었다. 치료 스케줄을 관리하는 전문간호사 선생님께 연락해 그동안 열난 적이 한 번도 없었고 몸 상태가 계속 좋아서 믿을 수가 없으니 다시 한 번 검토해 달라고 정중하게 부탁을 드렸다. 그랬더니 이제 곧 증상이 나타날 거라며 골수검사 상태로는 악성 종양 세포일 가능성이 높다고 했다. 돌아버릴 것만 같았다. 6차까지만 하면 집중항암도 다 끝나는데 왜 하필이면 지금, 그것도 우리 셋째에게 이런 시련이 또 닥친 것인지 도무지 납득을 할 수가 없었다. 하늘에 대고 욕을 퍼부었고 그동안 간절하게 했던 기도가 헛수고처럼 느껴져 몹시 분했다. 미친년처럼 울다가 웃기도 했다. 그러다 천진난만한 표정으로 번개맨에 푹 빠져 있는 아이를 보는 순간 정신이 번쩍 들었다. 지푸라기든 뭐든 무조건 잡아야 했다. 뭐에 홀린 듯 무작정 여기저기에 연락을 해서 도움을 요청했고 뭐든 다 해봐야 한다고 생각했다. 그러다 같은 병으로 치료 중에 알게 된 아이 엄마와도 통화를 했는데 셋째의 재발 소식을 듣고 인터넷 어느 카페에서 봤다며 알려준 기막힌 용어가 하나 있었다. 순간 왠지 모르게 이거다 싶었다. 그 즉시 전문간호사 선생님께 다시 전화를 걸어 혹시 '헤마토곤'일 수도 있으니 재고해 달라고 절실하게 부탁을 드렸다. 그러고 나서 헤마토곤을 인터넷에서 마구 찾았으나 잘 나오지 않았다. 그럼에도 계속 뒤지고 뒤져서 얻어낸 결과가 다음과 같다.

hematogones: 헤마토곤은 '혈구소아세포'라고 하는데 정상세포이다. 간혹 급성림프모구 백혈병 환자에게서 나타날 수 있는 세포이기도 하다. 흔한 경우는 아닌 것 같다. 이 정도였다.

2019년 5월 16일에 했던 골수검사 결과, 그동안 5% 미만으로 잘 떨어지던 암세포가 갑자기 13%로 껑충 뛰었다면서 재발이라고 했다. 보통 헤마토곤으로 보이려면 7~8%가 나와야 하는데 셋째는 13%라서 악성종양세포일 가능성이 높다는 것이다. 그럼에도 나는 셋째의 몸을 믿었고 나 자신을 믿으며 헤마토곤으로 밀어붙이기 위해 외래로 그 힘든 골수검사를 세 번씩이나 단행했다. 그땐 그게 최선이었다. 셋째의 몸은 과하게 회복이 되면서 정상세포인 헤마토곤이 갑자기 많이 늘어난 것인데, 이 헤마토곤은 비정상 세포와 구분이 어려워 '재발'로 본 것이다. 내가 알아내고 이해한 바로는 그랬다.

2019년 6월 10일(월요일). 세 번째 골수검사 결과가 나왔다. 2.8%로 관해되어 최종적으로는 '재발'이 아닌 것으로 판명이 났다. 5월 16일 이후로 한 달 가까이 어떠한 약물 투여도 없이 13%에서 2.8%까지 떨어졌다는 건 결코 우연이 아니다. 만약 정말로 악성종양세포였다면 절대로 있을 수 없는 결과다. 꾸준히 건강 관련 도서를 파헤쳤고 충분한 근거를 바탕으로 세포면역계를 조정·암세포의 성장 억제 및 전이 예방을 하는 글리코영양소를 매일매일 먹인 결과였다. 4개월가량 먹고 있었을 때 효과가 나타나기 시작한 것이다. 담당 교수님과 전문간호사 선생님께서도 끝내는 헤마토곤으로만 보인다며 최종 답변을 주셨다. 십 년 묵은 체증이 쑥 내려간 듯 상쾌하고 통쾌했다. 그때부터 셋째는 교수님께 영원히 기억되는 아이가 되었다. 그 애가 그 애 같은 수많은 소아암 환자들 사이에서 차트로 아이를 먼저 만나기 때문에 담당 교수여도 아이의 얼굴과 이름을 잘 연결 짓지 못하셨다. 수시로 진료를 봐도 그랬다. 그것이 부모 입장에서는 많이 서운하고 섭섭했다. 그러나 재발이 아닌 것으로 판명이 나면서 진료실에 들어서면 이름부터 불러주시고 무뚝뚝하셨었는데 이제는 많이 부드러워지셨다. 셋째를 바라보면서 (미소 담긴 표정으로) "정말 알 수 없는 아이야."라고 고개를 여러 번 갸우뚱하셨다. 만약 재발했다는 말에 바로 입원해서 이식을 위한 전처리를 하고 조혈모세포 이식까지 받았다면 어땠을까? 생각만 해도 싫다. 이식을 위한 전처리는 정말 하고 싶지 않았다. '무균실에 들어갈 일은 만들지 말자.'가 나만의 원칙이었다. 어떤 일이 생겨도 말이다. 말을 아끼고 끈질기게 버틴 보람이 있었다. 포기하지 않고 '헤마토곤' 하나에 매달렸던 우리가 결국 해냈다.

  피 말리는 시간을 견뎌내고 나니 세상이 달라 보였다. 이 시간들은 그 무엇과도 바꿀 수 없다. 내 아이가 살았다. 이젠 어떤 일이 닥쳐도 두렵지 않다. 웬만해서는 충격도 안 받는다. 재발이 소동으로만 끝나서 얼마나 감사한지 모른다. 5차 항암이 예정대로 진행이 되었고 4개월 뒤 집중항암이 끝났다. 기쁨도 잠시 이번에는 폐포자충폐렴에 걸려 사망확률이 살 확률보다 높아졌고 24시간이 고비이던 때가 있었다. 감염내과와 협진해서 우르르 몰려와 수시로 아이를 관찰했다. 이때도 역시 내가 할 수 있는 걸 찾아서 묵묵히 최선을 다했다. 병원에서 해주는 처치 외에 면역조절을 해주는 글리코영양소를 매일매일 수시로 먹였다. 셋째에게 엄마가 대신해줄 수 없는 치료는 잘 받아야 하고 나머지는 엄마만 믿고 잘 따라오라고. 그러면 아픈 것도 다 낫고 뭐든지 다 해주겠다고 아이 눈을 똑바로 보고 날마다 얘기했다. 어려서 엄마 말이라면 찰떡처럼 믿고 따랐다. 아픈 와중에도 많이 웃게 해주려고 틈틈이 아이와 놀아주고 아이 앞에서 있는 재롱 없는 재롱 다 떨었다. 그래서 우리는 외롭게 격리된 1인 병실에서도 씩씩했고 마냥 행복했다. 그래서인지 하루가 다르게 회복속도가 점점 빨라져 입원 12일째 퇴원도 했다. 백혈병 치료 중에 폐렴으로 입원해서 이렇게 빨리 퇴원하는 경우는 아마 드물 것이다. 아픈 아이를 돌보는 게 일상이다 보니 건강에 도움을 주는 책이라면 난 닥치고 뭐든 읽었다. 그중 지금도 반복해서 읽는 책 중 하나가 《환자혁명》이다. 제6장 259쪽을 보면 항암치료가 효과를 나타내는 암이 몇 가지 있는데 아동 백혈병 중 일부와 고환암, 특정 종류의 유방암이라고 나온다. 항암약은 독극물이다, 발암물질이다 하면서 항암을 하지 말아야 한다고 주장하는 책들이 엄청나게 많은데 이런 책들을 보고 있으면 헷갈리고 화도 많이 났다. 현역 의사들이 쓴 책인데 왜 이렇게 의견이 다른지. 그러던 중 제6장 259쪽이 눈에 들어왔다. 믿음이 가는 책이라서 이 말을 전적으로 믿기로 했다. 게다가 대한진단검사의학회지에서도 셋째에게 해당되는 급성 B림프구 백혈병은 비교적 항암제에 반응이 좋아서 항암 치료만으로도 완전 관해에 도달할 확률이 80~95%라고 했다. 더 이상 의심의 여지가 없었다.

《환자혁명》 프롤로그에서 의사 조한경 씨는 다음과 같이 말한다. "환자가 주체가 되어 중심에 서지 않으면 그 어떤 병도 고칠 수 없다. 의사들은 그저 관리만 해줄 뿐이다. 내가 이 책을 쓴 이유다. 유튜브 채널을 통해 방송을 하는 이유다. 사람들에게 전해줄 정보는 넘쳐난다. 나의 건강을 어떻게 지킬 것인가? 남에게 맡길 것인가? 스스로 책임질 것인가?"

환자들을 향해 '병원에 오라.'고 외치는 대신 '자기 병에 더 큰 관심을 가지라.'라고 잔소리하는 저자의 주장은 나에게 강한 동기부여가 되었다. 재발소동이 벌어졌을 때 끌려다니지 않고 버티면서 침착하게 대처할 수 있었던 이유도 건강 주권이 우리에게 있다고 믿었기 때문이다.

'호랑이에게 물려 가도 정신만 차리면 산다'고 했다. 백혈병에 걸린 건 엄연한 사실이다. 그렇다고 손 놓고 의료진에게 전적으로 맡기는 것은 반쪽짜리 치료다. 환자(또는 보호자)가 주체가 되어 병이 낫는 방향으로 할 수 있는 건 다 해봐야 한다. 그렇게 그날그날 할 일을 묵묵히 하면 내일은 반드시 온다. 암 환자는 암으로 죽는 것보다 부작용으로 사망할 확률이 훨씬 더 높다. 정도의 차이지 항암 부작용이 없는 사람은 단 한 사람도 없기 때문에 치료를 하는 동안에는 부작용을 잘 관리해 최소화하는 게 관건이다. 셋째는 처음부터 끝까지 표준스케줄대로만 치료받았다. 부작용이 있었지만 그로 인해 비싼 약물로 대체하는 일은 없었다. 항암요법 외에 감기약은 최소한으로만 먹였고 감기로 열이 나도 무턱대고 해열제부터 먹이지 않았다. 생강대추파뿌리차를 정성스럽게 끓여 먹임으로써 스스로 이겨낼 수 있는 힘을 길러주었다. 얼핏 들으면 배우 이름 같기도 해서 멋지게 들리는(?) 빈크리스틴 같은 항암 약물은 암세포가 분열하는 것을 막아주는 것으로 항암 내내 주사로 맞았다. 저린감과 같은 신경독성이 있고 사지통증과 어지러움 등을 동반해서 이 주사를 맞으면 꼭 밤새 잠을 설쳤다. 그럼에도 나는 진통제를 한 번도 먹여본 적이 없다. 열나서 응급실에 가면 원인을 몰라 일단 해열제와 항생제를 들이붓는다. 아프면 진통제, 가려우면 항히스타민제 이런 식으로 가다가는 한도 끝도 없다. 진통제 대신 밤새 팔다리를 주물러 주고 찜질과 마사지도 해주었다. 무엇이든 노력 없이 얻어지는 것은 없다. '재발' 위기에서 벗어날 수 있었던 것도 의료적인 것 외에 우리가 할 수 있는 부분에서는 멘탈 단련과 함께 끊임없이 최선을 다했기 때문이다. 건강을 되찾기 위한 노력을 하고 있었기에 '헤마토곤'이란 용어도 운으로 잡을 수 있었다. 이처럼 원하는 것을 이루려면 신념을 갖고 독하게 꾸준히 계속하고 있어야 운도 작용하고 이루어지는 법이다.

1213 우리의 승리

　2022년 1월 13일(목요일). 드디어 셋째의 마지막 골수검사가 끝났다. 아프지만 않았다면 엄마 품에서 한참 응석을 부렸을 세 살배기 어린아이가 그 힘든 항암을 모두 이겨내고 다시 태어났다. 3년 4개월 정도 되는데 하루하루로 계산하니 1,213일이다. 깜깜했던 터널을 통과하고 쉼 없이 마라톤 코스를 달려온 느낌이었다. 앞만 보고 달렸더니 어느새 계절이 여러 번 바뀌어있었다. 어떻게 지나 왔을까? 아이 앞에서는 누구보다 씩씩했지만 잠깐이라도 짬이 나 혼자 있게 된 시간에는 울기도 많이 울었다. 베개가 흠뻑 젖었던 날도 여러 번 있었다. 투병하는 동안 기록해 놓았던 사진과 글이 이제는 추억이 되었다. 차마 보기 안쓰럽고 눈물이 날 장면들을 왜 찍나 싶지만 그게 마지막 사진이 될지도 모른다는 두려움 때문이었다. 한편으로는 계속 찍을 수 있어서 감사했고 계속 찍을 수 있었다는 건 내 아이가 살아있다는 증거니까 좋았다.

　병원을 가든 안 가든 이른 새벽에 눈을 뜨고 자정이 한참 지나 하루를 마무리하는 날이 계속 반복이었지만 지치지 않았다. 그저 하루하루 더 건강해지기 위해서 그날에 해야 할 루틴들을 묵묵히 밟아나갔다. 그랬더니 어느새 치료가 끝났고 완치도 되었다.

항암화학요법 약물 중 급성 림프모구성 백혈병 치료에도 사용되는 '독소루비신(Doxorubicin)'이라는 약물이 있는데, 우리는 4차와 6차 때 이 약물이 들어갔다. 독소루비신은 암세포를 죽일 뿐 아니라 암세포가 죽으면서 나오는 다양한 성분들로 인해 환자의 면역력이 높아질 수 있다고 한다. 그렇지만 아주 심각한 부작용이 있다. 탈모, 골수억제, 구토, 발진, 구내염 같은 일반적인 부작용 말고 '심장 근육의 손상'이라는 부작용 말이다. 그래서 이 '공포의 빨간약' 독소는 이름만큼이나 독한 약물로 통하고 독소가 들어가면 소변색도 불그스름하게 바뀐다. 다행히 혈뇨는 아니고 약의 색소가 배설되는 거라서 걱정은 안 해도 되지만 심장독성은 반드시 막아야 한다. 따라서 심장을 보호하기 위해 독소가 들어가기 전에 전처리와 들어가고 나서 후처리가 같이 진행된다. 이른 아침부터 저녁 늦게까지 종일 항암 주사실에서 아이에게 들어가는 약물들과 시간을 꼼꼼하게 확인해야 한다. 이런 처치를 받을 땐 깜깜한 새벽에 집을 나서야 했고 새벽보다 더 일찍 일어나 아이에게 먹일 도시락도 쌌다. 이렇게 매번 그날의 24시간을 긴장하고 살았다. 새로운 약물이 들어가기 전에 전문간호사 선생님께 따로 안내를 받는데, 부작용을 알고 나면 먹먹하고 착잡해진다. 의료진은 암세포를 죽이는 게 목표지만 우리는 암세포와 작별하고 온전하게 사는 게 목표다. 따라서 암세포를 죽이기 위한 처치로 발생할 수 있는 치명적인 부작용은 모두 환자와 환자 가족이 떠안게 된다.

1차부터 6차까지 집중항암치료만 1년 정도 걸렸다. 바로 이어지는 유지항암도 집중항암보다 약하다고는 하나 항암은 항암이다. 아이들의 비명 소리와 몸부림으로 전쟁터가 따로 없는 항암주사실에서 산 넘어 산인 시간 동안 안쓰러움과 슬픔을 차곡차곡 모아 블로그에 꾹꾹 눌러 담았다. 건강을 잃어본 우리는 평범한 일상이 얼마나 감사한지를 배웠다. 그래서 매일매일 행복하려고 애썼다. 그런 날들이 쌓여 '기록으로서의 역사'가 되었다. 이러한 역사 속에는 내가 미처 기억하지 못한 계절도 고스란히 들어 있었다. '재발'했다는 말을 듣고 무슨 정신으로 택시를 탔는지 기억도 없는데 그날 택시 차창으로 보인 눈부시게 밝은 하늘과 꽃들이 사진으로 남았다. 소리 없이 흐르는 눈물이 앞을 가려서 아무것도 못 봤는데 셋째가 내 폰을 만지다 찰칵했나 보다. 28개월 때였는데…. 아기였던 셋째는 건강을 완전히 되찾았고 초등학교도 제때 입학했다. 현재는 2학년으로 적지만 남자 셋, 여자 셋 성비 균형도 맞고 서로가 서로에게 참 애틋하다. 셋째는 우유 급식당번을 자처해 2년째 아침마다 친구들에게 우유를 갖다 준다. 먼저 베풀 줄 알고 배려할 줄 아는 아이라서 대견하고 기특하다. 셋째가 정말 자랑스럽다. 병원 갈 때마다 해야 하는 채혈과 허벅지에 맞는 근육주사, 포트로 들어가는 정맥주사, 먹는 항암약, 골수검사, 뇌척수액검사 등 그 모든 걸 믿기지 않을 정도로 의젓하게 잘 해냈다. 치료 중에는 키가 안 큰다고 들었는데 항암 하면서도 무려 20cm 이상 자라서 같이 치료받는 아이의 엄마들이 놀라곤 했다. 95cm였던 세 살 아이가 현재는 132cm까지 자랐다. 힘든 시간이었지만 우리는 행복하려고 노력했다. 불안에 떨고 전전긍긍하며 우울해하고 한숨만 쉬는 건 사치라 생각했다. 오늘이 우리에게 남은 마지막 날인 것처럼 살았더니 '완치'라는 좋은 결과도 얻었다.

고관절염인 줄만 알고 지방 대학병원에서 수술까지 했는데 차도는 안보이고 아이는 점점 더 아파했다. 일주일 동안 계속 검사를 했는데 한숟 더 떠 하루가 지날 때마다 병변 부위가 자꾸 늘어났다. 다음 회진 때까지 확답을 주겠다고 했는데 막상 회진 날이 되자 주치의는 말을 흐렸다. 분노와 공포에 휩싸였지만 아이를 위해서 서울 큰 병원으로 보내달라고 정중히 부탁을 드렸고, 그날 저녁에 서울아산병원 소아응급실로 갔다. 서울로 올라가기 직전에 친정 오빠가 이런 말을 했다. "울지 마라, 지금은 울 때가 아니다. 마음 단단히 먹어라." 처음 이 말을 들은 직후에는 오빠를 엄청 원망했다. 일주일 동안 셋째와 난 한숨도 잘 못 자서 극도로 예민해 있었고 신경도 매우 날카로웠다. 오빠의 말이 위로로 들릴 리가 없었다. 지금 제일 힘들고 괴로운 건 난데 이걸 위로라고 하는 건지 오빠가 참 미웠다. 하지만 이제는 이 말이 진심으로 고맙다. 백혈병 진단을 받은 날, 재발했다고 한 날, 독하디독한 항암 약을 보호장구도 없이 맨몸으로 다 흡수해야 하는 아이를 보며 괴로웠을 때, 폐포자충 폐렴으로 사망할 확률이 살 확률보다 더 높았을 때, 치료 초기에 갑작스러운 고열로 한밤중에 응급실로 달음박질쳤을 때. 힘들고 속 타는 날 숱하게 많았지만 그런 상황에서도 담담하게 대처할 수 있었던 건 오빠의 말 덕분이었다. 때론 위로로 들렸고 또 때로는 밀어붙이라는 뜻 같았다. 모든 것은 마음먹기에 달렸다. 덕분에 셋째를 돌보면서 일희일비하지 않고 용기 내어 하나씩 헤쳐 나갔다. 오빠 자신이 굉장히 독립적이고 강한 사람이라 본인 스타일대로 위로를 한 건데 그땐 미처 몰랐다.

셋째처럼 큰 질병이 아니어도 누구나 내일을 기약할 수 없고, 앞으로도 얼마든지 지금보다 더한 상황에 처해질 수도 있다. 그렇지만 이제는 두렵지 않다. 그럴 때마다 주문처럼 외울 말이 있으니. '지금은 그럴 때가 아니니 마음 단단히 먹어라.' 이 한마디는 어딜 가도 나를 붙들어 줄 것이고 단단하게 만들어 줄 것이다. 수천 번, 수만 번.

BEAUTY
IS BORN
FROM
ADVERSITY

장려상   김현임 작가

순천의 마틸다,
순천의 오프라윈프리가 전하는
희망 메시지

해리 (dissociation, 解離)

다소 버겁게 걸어온 길이
뜻밖의 미지의 세계로 자신을 안내하고 있음을
믿는 그것이 바로 희망이예요.

해리 (dissociation, 解離)

감정 조절을 못 하는 것보다 더 심각한 감정 조절의 어려움은 아무런 반응을 하지 않는 것이다. 한 여자아이가 있었다. 억눌린 환경 속에서 지속적으로 부정적 경험을 하게 된 아이는 할 수 있는 선택이 없었다. 아무리 항의하고 부르짖어도 소용이 없었기에 아이는 고통스러운 현실을 벗어나기 위해 의식을 변형시켰다.

고통이 어느 한계에 넘어서자 고통이 아이를 파괴하기 시작했다. 아이는 감각과 감정이 둔해지게 되는 마비가 왔다. 무덤덤하고 현실감이 떨어져 주변과 단절된 느낌을 아이는 받게 되었는데 해리 (dissociation, 解離)가 하나의 방어기제로 작용한 것이다.

시간이 지나 아이는 성인이 되었지만 정신적 충격으로 인한 기억이 머리로 떠오르는 것이 아니라 온몸으로 떠올라 원인이 밝혀지지 않는 질병에 시달리게 되었다.

성인이 된 아이에게 필요한 것은 해결하지 못한 아동청소년기의 상처를 뒤늦게나마 이해하고 치유하는 일이다.

성인이 된 아이는 자신의 헛헛함과 공허함을 관찰하면서 큰 슬픔을 발견했는데 그것은 공포 앞에서 굳게 얼어붙은 슬픔이었다.

복구의 여정은 정신적 외상에 의해 절뚝거리는 삶을 살고 있는 자신을 자각하면서 비로소 시작된다. 트라우마를 가진 아이에게 아무리 주변에서 용기를 가지라고 말을 한다고 해서 용기가 생겨나는 것이 아니다. 살아야 할 이유를 발견할 때 비로소 용기가 생기는 것이다.

해리 2 (해리의 시작)

한 아이가 있습니다. 눈이 초롱초롱해서 옆 동네와 그 옆 동네까지 매우 사랑스러운 아이라고 소문이 난 여자아이였지요.

그 아이에게는 커다란 자부심 하나가 있었는데요. 바로 그 아이의 언니였어요. 아이의 언니는 워낙 총명하여 옆 동네와 그 옆 동네와 또 그 옆 동네의 옆 동네까지 소문이 자자했답니다.

그 아이는 운동장에서 전교생이 모여 교장선생님의 훈화 말씀을 듣고 교장선생님이 상을 수여하는 시간을 굉장히 좋아했는데요. 왜냐하면 언니가 상을 여러 번 받느라 운동장과 단상을 왔다 갔다 하는 모습을 지켜보는 게 좋았거든요. 언니의 이름이 호명될 때마다 친구들 앞에서 괜히 으쓱하였답니다.

아이의 언니는 글짓기 실력이 엄청났어요. 무슨 글짓기 대회만 나가면 1등을 했으니까요. 뭐 공부는 당연히 1등이었고요.

아이는 언니의 웅변하는 모습이 너무 멋있어서 반해 버렸답니다. 웅변도 1등이었어요.

아이는 언니가 밤마다 들려주는 옛날이야기를 너무나 좋아했어요. 언니의 흥미진진한 이야기에 가슴을 졸이며 들었고 너무나 슬프고 아름다운 이야기는 여운이 남아 잠이 오지 않을 때도 많았답니다. 그 아이의 언니는 엄청난 이야기꾼이었어요.

집안에 놀랍도록 쌓인 언니의 상장들, 그리고 착하기까지 한 언니가 그 아이의 자부심이었어요. 아이는 선생님들에게 자기 이름으로 불리지 않고 언니의 동생으로 불리었지만 그것마저 자부심으로 와 닿았어요.

그 아이의 언니는 어른들의 선택으로 고등학교 때 더 큰 도시로 유학을 가게 되었지요. 언니는 큰고모 집에서 살게 되었는데 고모 딸이 언니를 많이 힘들게 했어요. 언니는 그 괴로움을 일기장에 썼는데 그 일기장을 고모집 식구들이 훔쳐보는 바람에 언니는 큰 죄인이 되어 슬펐답니다. 아이도 같이 슬펐지만 그래도 철없이 한 번씩 언니가 집에 올 때 사다 주는 대도시의 간식들을 기다렸답니다. 그리고 언니가 들려줄 일상의 이야기들을 기다렸지요. 언니는 옛날이야기만큼 잘하는 이야기가 언니의 친구들 이야기와 선생님들 이야기였어요. 365일 한 번도 옷이 겹치지 않는 멋쟁이 여선생 이야기를 어찌나 재밌게 풀어내는지 아이는 마치 그 이야기 속 학교의 학생이 되어 있는 것 같았지요.

언니는 대도시의 고등학교에서도 1등을 했습니다. 모두가 언니가 좋은 대학에 갈 거라 기대했지요. 아이의 언니는 수능시험 성적도 정말 좋게 나왔답니다. 그런데 아이의 집안은 너무너무 가난했어요. 언니는 도에서 가장 등록금이 싼 대학교에 갈 테니 제발 대학에 보내 달라고 부모에게 사정사정을 했어요. 하지만 집안은 빚이 넘쳐났고 더 이상 빚을 낼 곳도 없었답니다. 아이는 언니의 대학 등록 마감 날의 아침 풍경을 선명히 기억하고 있답니다. 언니와 아빠의 짧은 대화를요.

"아빠, 장학금 받고 들어가니까 방만 좀 구해 주세요. 나머지 생활비는 제가 벌어서 살게요. 대학 보내주면 안 돼요?"

"미안하다."

아이의 언니는 더 보채지도 않고 아무 말 없이 작은방으로 건너와 이불을 뒤집어쓰고 숨죽여 울었지요. 아이는 그 이불의 들썩임을 가만히 지켜보았답니다.

아이의 언니는 국비 지원이 되는 간호조무사 학원에서 면허를 따고 간호조무사 일을 했답니다. 환자들에게 인기가 많아서 이것저것 받아왔는데 그중에 제일 특이했던 게 딸기 모종이었답니다. 정말 종자가 좋은 모종이었는지 몇 년간 봄에 고급진 딸기를 먹게 되었지요. 그런데 그 딸기들은 아이의 아빠가 이른 봄에 깜박하고 농약을 친 바람에 다 죽게 되었어요. 아이는 그럴 수 있다고 생각했어요. 이른 봄에는 당연히 싹이 안 보이니 딸기 밭인지 알 수 없으니까요.

아이의 언니는 병원에서 다른 선임 간호사에게 괴롭힘을 당했어요. 간호사 세계에서 유명한 태움 문화였는데 그 이야기를 아이에게 해주어서 아이는 그 간호사 이름을 알아요. 언니는 의사 사모님의 허드렛일을 간호사들이 하는 것을 이해 못 했어요. 사모님의 짐을 맨 위층 사택에 옮기는 일과 간호사들이 의사보다 사모님께 비위를 맞추려 하는 모습들도요. 아이의 언니는 그런 사회생활에 익숙하지 못해 더 태워졌지요. 그리고 심각한 스트레스로 병원에 적응하지 못하고 나오게 되었답니다.

아이의 언니는 한동안 고등학생이 된 아이의 자취방에 머물러 있었어요. 거기서 그동안 번 돈으로 세월을 보내고 있었어요.

아이는 어느 날 학교에서 준 부모 동의가 필요한 서류를 가지고 부모님을 찾아갔어요. 부모님 집에서 자고 아침에 다시 버스를 타고 학교에 갈 계획이었지요. 그런데 아빠의 괴롭힘이 시작되었어요. 왜 언니를 그 자취방에 데리고 있냐는 것이었죠. 아이는 늦은 시각까지 괴롭힘을 당하다 자리를 박차고 나왔어요. 그 괴롭힘이 쉽게 끝나지 않을 것이란 걸 학습했으니까요. 아이는 밤길을 걸었어요. 버스가 끊긴 시각, 버스로 30분 걸리는 거리를 추위에 떨며 밤새 걸어서 자취방으로 왔고 그 모든 짜증을 언니에게 풀었어요.

아이는 언니에게 아픈 말을 했고 아이의 언니는 상처를 받았어요. 학교를 마치고 오니 언니가 없었어요. 부모 집에 간 거였어요. 그래도 아이는 한 번씩 주말에 부모 집에 가서 언니와 동생들과 사이좋은 시간을 보내고 왔답니다.

다 큰 처자가 집에 있으니 노총각들이 소문을 듣고 찾아오면 아이의 언니는 뒷산으로 도망을 가곤 했어요. 부모는 아이의 언니를 아무한테 시집보내려 했어요. 그런 이야기를 아이의 언니는 웃으면서 들려주었어요.

어느 월요일 아침이었어요. 아이가 일요일 오후 늦게까지 언니와 동생들과 놀다가 자취방으로 왔고 그다음 월요일 아침에 평소처럼 교복을 입고 아침밥을 먹고 있었지요. 갑자기 작은 엄마가 자취방에 찾아오셨어요.

"너희 언니 죽었다. 지금 바로 택시 타고 가자."

아이는 아무 말도 없이 교복에 슬리퍼를 신고 작은 엄마를 따라서 택시에 탔어요. 택시 안에서 작은 엄마가 미친 것 같아 보이지 않아서 눈물이 주룩주룩 흘렀어요.

병원 복도 끝에 바퀴 달린 간이침대 위로 하얀 천이 덮여 있었어요. 영안실이 다 차 있었어요. 그런데 아무도 그 침대를 지키는 이가 없었어요. 아이는 살짝 하얀 천을 내렸는데 순간 정신이 아득해졌어요. 아이는 색이 까맣게 변한 언니의 모습이 그 순간 뇌에 각인이 되었답니다. 아이는 순간 무서워서 뒷걸음질을 쳤어요. 아이의 언니는 농약을 마시고 응급실에 실려와 밤새 괴로워했다고 해요. 그리고 죽어가면서 그렇게 아이스크림이 먹고 싶다고 말했대요. 아이는 그 어떤 자초지종도 듣지 못했지만 충분히 언니가 농약을 마신 상황을 알고도 남았어요. 부모는 술을 마셨을 거고 그리고 언니를 괴롭혔을 거고 언니는 홧김에 농약을 마신 거라는 걸 알았어요.

장의사가 언니를 다 닦이고 마지막으로 들어와서 언니를 만지라 했지만 아이는 끝까지 언니를 만지지 못했어요. 아이의 아빠는 나타나지 않았어요.

아이의 언니는 가장 저렴한 수의를 입고 장례식도 없이 화장터로 향했어요. 하루를 지체하면 영안실에서 발생하게 될 비용 때문이었어요. 사후에 급하게 화장을 하는 일이 법에 걸린다는 실랑이가 있었던 것 같아요. 그러나 대한민국이 말만 잘하면 다 넘어가 주는 시대였어요. 아이는 화장터에도 들어가지도 못하고 멀리 벤치에 앉아 여러 소리를 들었어요. 언니가 화염에 휩싸이는 소리와 잠시 후 굴뚝에 올라오는 연기를 보았고 언니의 뼈가 분쇄되는 소리를 들었지요. 그리고 화장터 직원과 엄마의 대화 소리도 들었어요.

"그러시면 여기 화장터 뒤에 그냥 뿌리셔도 돼요. 여기다 많이들 뿌리고 가시곤 해요. 친구도 생기고 외롭지 않을 거예요."

아이는 3일 뒤 다시 학교에 갔어요. 아무도 아이의 슬픔을 모르고 있었지요. 아이는 혼자서 힘들어했어요. 그 어떤 학대에도 꿋꿋하던 아이의 삶이 비로소 흔들리기 시작했어요. 아이가 18세 소녀였을 때였지요. 아이는 흔들리며 살아가지는 고통을 해소할 길이 없어 시를 썼어요. 그 18세 소녀는 성인이 되었지만 여전히 죄책감에 시달리고 있답니다. 스물두 살의 언니를 자기 자취방에서 나가게 할 만큼 상처 준 말을 한 거요. 그 짜증만 안 부렸다면 언니가 지옥에 들어가 약을 먹고 죽지는 않았을 텐데 하고요.

자부심으로 여기던 언니를 세상이 하찮게 여긴다고 같이 하찮게 여긴 것에 아이는 죄책감을 가지고 있어요.

그리고 아이가 가지고 있는 한 가지 더 괴로운 죄책감이 있어요. 싸늘하게 식어버리고 굳어버린 언니를 안아주지 못하고 그냥 떠나보낸 거예요. 아이는 손을 내밀어 만지지도 못했지요. 아이는 죽은 언니의 모습에서 큰 두려움을 느꼈어요. 아이는 언니의 뼛가루도 보지 못했어요. 아이는 언니가 뿌려진 그 화장터가 어딘지도 알지 못해요.

그래서 아이는 누군가의 장례식을 부러워하고 누군가가 그리움으로 추모관을 찾는 모습도 부러워해요. 아이는 트라우마에 발목이 잡히지 않기 위해, 왜곡된 시선으로 살지 않기 위해 발버둥을 친답니다.

아이는 죄책감에 시달려서 언니가 그토록 가고 싶어 했던 도에서 등록금이 가장 싼 국립대학교의 법학과를 갔어요. 아이는 언니의 꿈을 대신 이루고 싶었지만 아쉽게 원인이 밝혀지지 않는 희귀난치성 병에 걸리고 말았어요. 아이는 몸살이 걸린 상태로 365일을 살아가요.

아이는 살기 위해 모든 아픈 기억들을 외면하고 살았지만 의지와 상관없이 꿈에서 그 기억들을 직면하곤 합니다. 아이는 너무 고통스러워서 모든 추억이 제발 늙어서 죽어버렸으면 하지만 그래도 언니가 부르던 아름다운 노랫소리는 여전히 기억하고 싶어 합니다.

아이가 숨죽인 마음으로 언니에게 노래를 띄우네요.

부디 가닿기를, 부디 동생을 용서해 주길 바라면서요.

해리 3 (해리의 끝)

눈이 초롱초롱한 여자아이 이야기입니다.

대학에 들어간 아이는 술을 마셔댑니다. 아무리 마셔도 취하지 않는 신기한 아이에게 선배들과 친구들이 밤마다 술을 사주었지요. 아이는 인생이 힘들어서 마시는 술이었는데 사람들은 단지 주량이 센 아이로만 알았지요.

아이는 대학에 가서도 인기가 많았어요. 아이는 성격이 쾌활하고 좋았거든요. 1학년 때만 선배와 동기들에게 고백만 열 번 넘게 받았답니다.

아이는 연애에는 도통 관심이 없었어요. 삶을 버텨내기도 힘든데 사랑이 철없어 보이고 사치스럽게 여겨지고 시시하고 유치하고 한가로워 보였거든요.

고백받는 게 너무나도 귀찮았던 아이는 대뜸 여섯 살 차이 나는 학과 최고참 선배에게 사귀자고 말했어요. 최고참 선배의 여자 친구를 감히 건드는 사람은 없을 것 같아서요. 과연 그러했지요.

하지만 그 최고참 선배는 술자리를 좋아했고 거기에 어울렸던 아이는 급기야 알코올중독자가 되었습니다.

술병에 하루를 괴롭게 보내다가도 저녁이 되면 또 술을 찾아 마셨습니다. 급기야 어느 날은 강의실로 향하는 복도에서 쓰러지고 말았습니다. 눈을 떴는데 앞이 보이지 않고 캄캄했습니다. 몸이 망가지는 신호였지요. 아이는 그토록 싫어했던 알코올중독자였던 아버지의 모습을 그대로 답습하고 있었어요.

피폐해질 대로 피폐해진 아이에게 2학년 2학기 때 구원자가 등장했어요.

최고참 선배의 친구가 자기 동생이 군대를 제대하고 이번에 복학하는데 아이와 같은 학년이 된다고 하며 동생을 잘 부탁한다고 했습니다.

아이는 근로 장학생이어서 학교 도서관에서 짬짬이 일을 했기에 그 복학생 선배를 잘 챙기지는 못했지만 수업 시간 전후로 이따금 밝게 인사를 건넸습니다.

한 학기가 또 마쳐질 무렵 아이는 그 복학생 선배에게 고백을 받게 됩니다.

"제가 남자친구 있다는 건 아시죠? 선배 형의 친구가 제 남자친구라는 거?"

"알아요."

아이는 신기했어요. 최고참 선배의 여자친구에게 고백을 하는 사람이 처음 등장해서요.

"제가 왜 좋은데요?"

"향기가 나서요."

아이는 그 복학생 선배의 말을 듣고 또 놀라웠습니다. 지금까지 향기가 난다는 그런 뜬금없는 이유로 고백한 사람이 없었기 때문이었습니다. 아이는 순간 자기에게 술 향기가 나는지 킁킁거려 보았어요. 순간 아이는 그 선배가 자신의 내면을 보고 있다는 걸 눈치챘어요.

그 복학생 선배는 조용히 끈질겼어요. 자신의 마음을 보여주면서 아이의 마음을 차분히 기다렸지요. 아이는 마음이 처음으로 흔들렸어요. 최고참 선배는 술을 좋아하고 담배를 너무 많이 피우고 성격도 그다지 맘에 들지 않고 놀기를 좋아하는 사람이었는데 복학생 선배는 차분하고 학업에 성실하고 자기관리를 잘하는 사람이었거든요.

복학생 선배가 아이에게 진심을 계속 보이니 아이는 처음으로 그 따뜻함에 기대고 싶은 마음이 생겼습니다. 그래서 1년 반을 사귄 최고참 선배에게 이별을 고하고 복학생 선배와 사귀게 되었답니다. 복학생 선배는 아이에게 매달리는 최고참 선배를 찾아가서 담판을 지을 정도로 당당했습니다.

주변 사람이 바뀌니 아이도 술을 끊게 되었습니다. 아이는 희망적인 사람이 되어갔고 그 복학생 선배와 결혼하게 되었어요.

아이는 남편을 세상에서 가장 존경했어요. 너무나 훌륭한 인품에 자상했고 깊은 통찰력을 가지고 있었고 고민 상담을 하면 납득할 만한 이야기들을 들려주며 아이를 편안하게 해 주었어요. 아이는 남편이 철학자 같았어요. 차분한 유머와 재치까지 있었으니 완벽한 남편을 얻었다고 생각했죠. 취미는 검도였는데 진검을 들고 날아다녔죠. 도대회에서 우승을 할 만큼 실력이 좋았어요.

아이는 행복했어요. 남편에게 다시 삶을 새롭게 배우며 새롭게 태어난 기분으로 새로운 삶을 살아갔지요.

그러나 아이는 늘 불안했어요. 이 행복이 낯설기도 했고 사라지게 될까 봐서였죠. 그런 불안함이 우주에 신호로 보내졌을까요? 아이 인생에 최대의 슬픔과 절망이 찾아왔어요.

샌프란시스코로 출장을 갔던 남편이 조울증이 발병해 돌아온 것이었어요. 남편 동료들의 연락을 받고 나간 아이는 남편을 마주하고 큰 충격을 받았어요. 한국에 돌아온 남편을 만나자마자 사람들의 도움을 받아서 정신병원에 강제 입원시켰지요. 그럴 수밖에 없는 상태였어요. 아이의 남편은 전혀 다른 사람이 되어 있었어요. 조증이 너무 심해서 말도 안 되는 말을 끊임없이 하고 욕도 했어요. 울부짖다가 웃다가 괴성을 지르고 한순간도 몸을 가만있지 못

했어요. 정신병원에서 건장한 남자 간호사 둘이 남편을 짐승 포획하듯 잡아넣었고 남편은 문을 주먹으로 내려치다가 손가락뼈가 골절이 되었어요.

남편을 입원시키고 집에 돌아오니 새벽 두 시쯤 되었어요. 아이는 멍한 상태로 앉아 잠이 들었고 멍한 상태로 다음날 출근해 일을 했고 퇴근 후 집에 돌아왔는데 그제야 엉엉 울음을 터트렸어요.

아이에게 유일하게 힘이 되고 희망이 되고 의지가 되었던 사람마저 세상이 빼앗아가는 느낌이 들었지요. 겨우 얻은 행복이었기에 아이에겐 더 충격이 컸어요.

그동안 희망으로 눌러놨던 절망감들이 한꺼번에 찾아 들었지요. 학대받고 살아온 것보다도, 14세에 끔찍한 성폭행을 당했을 때보다도, 언니가 죽었을 때보다도 더 큰 슬픔과 절망이었어요. 아이는 방어기제로 또 힘든 감정들을 마비시키고 차단시켰습니다. 그래야 살아가지니까요.

한 번씩 아이가 남편을 면회하러 가면 독한 약에 푹 찌들려 느릿느릿한 남편의 표정과 행동을 보면서 아이는 너무나 가슴이 아팠답니다.

아이의 고통이 너무 컸는지 아이의 뱃속에 있던 16주 된 태아는 유산이 되었어요. 남편 없이 산부인과에서 죽은 아이를 꺼내고 그날 바로 집에 돌아온 아이는 사람이 이렇게 하혈을 해도 생존할 수 있음을 알게 되었고 아이를 꺼내고 몇 시간 만에 젖이 불어 젖이 나오는 인체의 신비를 알게 되었어요. 아이는 몸조리도 못 하고 그 몸으로 다음날 출근을 했어요.

남편의 조증보다 괴로운 건 남편의 울증이었어요. 조증이 지나면 울증이 오는데 아이의 남편은 몹시 힘들어했어요. 아이는 아이의 남편이 그동안 벌인 행동에 대한 죄책감에 자살할까 봐 늘 두려움에 떨었어요.

남편은 몇 년마다 조울증이 재발되었고 그때마다 아이는 남편을 입원시켰습니다. 그렇게 존경하던 남편이, 그렇게 자신을 사랑해 주던 남편이 물건을 부수고 무섭게 소리를 지르며 자신의 마음을 몹시도 아프게 할 줄은 몰랐지요.

이혼을 수도 없이 생각했고 자살을 수도 없이 생각했지만 자신이 가장 피폐했을 때 손을 내밀어 준 그 고마움으로 모든 걸 감싸 주었어요. 원래 저런 사람이 아닌데 아파서 그런 거라고, 사랑하는 사람에게 버림받고 고통 속에 살아가게 될 남편을 생각했어요.

우울증과 조울증이 넘쳐나는 시대에 흉도 아니라고 생각했지만 어쩐지 사람들의 시선은 곱지 않았고 그 시선에 남편보다도 아이가 상처를 더 받았어요.

산후우울증에 트라우마까지 찾아온 시점에서 남편은 또 재발하였고 아이의 죽고자 하는 심정에 기름을 부었습니다. 그때 아이를 구한 것은 젖먹이 어린 딸이었습니다. 부모로 인해 힘들게 산 아이가 자기 딸에게 엄마 없는 설움을 차마 물려줄 수 없었답니다. 아이의 남편은 작년에도 재발을 하였고 갑자기 회사를 그만두었고 여러 일들을 벌였습니다. 그런데도 아이는 괜찮았습니다. 몇 달만 버티면 이 모든 상황이 종료된다는 걸 학습했거든요. 이 또한 지나

가리라 했지요. 아이의 남편도 딸아이를 위해 예전보다는 더 많이 자제하고 버티는 모습을 보여주었어요. 이제는 입원 없이도 지나가게 할 수 있게 되었어요. 아이는 남편에게서 아버지의 위대함을 발견했답니다.

　아이는 남편을 현재에도 무척 존경합니다. 아이가 지금껏 봐왔던 사람 중에서 남편이 제일 생각이 깊고 인품이 훌륭합니다. 지금 성실하게 직장을 다니고 있고요. 전국무술대회에서 무형문화재를 이기고 우승을 할 정도로 문무에 능합니다. 그러나 그러한 사실을 제게 숨기라 할 정도로 겸손합니다.

　그리고 아이는 홀로서기를 했어요. 남편에게도, 그 어느 누구에게도 기대지 않고 스스로를 의지하기로 했어요. 아이는 살면서 간혹 의지하고 기대고 싶은 사람을 발견하기도 했지만 돌아오는 건 결국 실망감과 상처였어요. 어쩌면 결핍에 찌들려 스스로 상처를 낸 건지도 모른다고 생각했지요. 아이는 응급하게 병원에 실려 갈 때를 제외하고는 날마다 블로그에 글이나 시 한 편을 발행하며 스스로를 치유합니다. 그런데 기적 같은 일이 아이에게 벌어졌어요. 아이의 글에 힘과 용기를 얻는 사람들이 생겨났고 그 사람들이 아이에게 감사를 하고 응원과 격려를 보내기 시작했거든요. 심지어 아이를 찾아와 고맙다는 인사를 하는 사람들도 생겨났지요. 아이는 살아야 할 이유를 발견하고 서서히 트라우마를 극복해 가기 시작했어요.

　아이는 생존을 위해 그동안 방어기제로 해리(dissociation, 解離)를 작동시키고 살아왔어요. 그러나 그렇게 사는 것이 너무 헛헛하고 공허했어요.

아이는 유수연 시인의 "넘치는 슬픔을 자신의 몸에 가둔 채 평범한 일상을 살아가는 것이 곧 사람의 일"이라는 문장을 좋아합니다.

고통을 그대로 인정하고 수용하며 사는 것이 이제는 고통을 외면하는 것보다 훨씬 아이의 마음을 편안하게 해 줍니다. 여유와 자유까지 줘서 하루에도 저 문장을 몇 번씩 되뇌고 있어요. 아이는 자신이 몸과 마음이 아파봐서인지 누군가의 고통에 진심으로 아파할 수 있는 능력을 가지게 되었어요.

그리고 이 세상에서 가장 존경하는 사람이 누구냐는 질문에 바로 자기 자신이라고 말할 수 있게 되었어요. 차마 다 말할 수 없는 수많은 슬픔을 간직한 채 오늘도 꿋꿋이 버티고 생존해있으니까요. 그리고 유난히 밝은 그 천성을 괴로움 속에서도 결코 잃어버리지 않았으니까요. 아이는 자신의 삶을 오롯이 안고서 시와 글을 씁니다. 아이는 다소 버겁게 걸어온 고통의 길이 뜻밖의 미지의 세계로 자신을 안내하고 있음을 믿고 있어요.

BEAUTY IS BORN
FROM ADVERSITY

BEAUTY
IS BORN
FROM
ADVERSITY

장려상   이우자 작가

"역경은 끝이 아닌,
새로운 시작의 디딤돌이다."

내 인생 역경은 끝이 아닌,
새로운 시작이었다.

고난은 인생에서 필수적인 요소이다.
고난 없이는 성장도 없다."
— 헨리포드

엄마의 눈물, 나의 성공

무지하고 가난했던 시대에 태어난 이유로 인해 나는 학교 문 앞에도 못 갈 뻔했다. 초등학교 입학을 반대하셨던 아버지가 여자를 학교 보내면 인간이 안 된다며 입학을 반대하셨고 엄마와 의견 충돌이 생겼다. 아버지의 반대를 무릅쓰고 나를 입학시킨 엄마는 아버지가 말린 이유를 내 나이 사십살이 되던 해에 말해 주셨다. 얼마 못 살 것 같은 아픈 당신이 떠나고 나면 어린 자식들과 살아가야 할 엄마가 걱정되어 그러셨단다.

어릴 적, 우리 집은 가난했다. 학교에 가는 것도 쉽지 않은 시절 특히 여자인 내가 학교에 가는 건 더더욱 어려운 일이었다. 6.25 전쟁으로 폐허가 된 이후 태어나서 모두가 먹고살기 어려웠던 시절이다. 지속적인 흉년으로 흔한 풀포기 쑥도 귀해서 떡은커녕 쌀 한 줌 넣고 멀건 쑥죽 끓여 마셨다는 사실이 꿈처럼 들린다. 내 기억에도 코흘리개 아이들과 굶는 애들이 많았다. 밥조차 제대로 못 먹으니 배만 볼록했다. 밥이라도 먹는 우리 집도 여유가 없음은 같았다. 아버지는 넉넉하지 않은 살림살이에 학교 보내는 건 당연히 안 되는 것으로 생각하신 것이다. 엄마는 끝까지 포기하지 않으셨다. 좌충우돌하는 우여곡절 끝에 나는 드디어 초등학교에 늦깎이로 입학할 수 있었다.

그 당시는 모든 것이 부족하고 귀하던 시대였다. 국민학교에서 급식 빵과 우유 덩어리를 배급해 주었다. 작은 빵 한 개. 꿀맛 같은 그 빵을 먹지 않고 집으로 가져가 아버지에게 드렸을 때, 아버지는 반가워하며 작은 조각을 나누어 주시며 함께 먹자고 했다. 특별히 딸을 아끼고 사랑하셨다던 아버지는 "딸은 시집가면 남의 집에 가서 고생한다."며 딸들을 누구보다도 아끼고 사랑하셨단다. 하지만 아버지는 내가 초등학교 1학년 되던 그해 겨울 12월 방학 중에 돌아가셨다. 그 빵을 손에 든 채 빙긋이 웃으며 두 조각으로 나누시던 모습과 아버지의 작은 마음이 내 기억 속에 남아있는 유일한 추억이다.

1968년 학교를 위해 서울로 유학 같은 이사를 왔다. 이사 온 지 2년 차 되던 해 엄마는 집 몇 채 값인 거금을 사기당했다. 약국을 운영하는 언니네 수입 약품 구입 대금이었다. 하루아침에 희망과 웃음이 사라지고 원망과 분노가 집안을 가득 채웠다. 고등학생이었던 나는 등록금을 얻기 위해 엄마와 함께 잘 사는 둘째 오빠네 집을 방문했다. 올케한테 "여자가 무슨 공부냐며 공장이나 보내라."라는 소리를 뒤로하고 힘없이 발길을 돌렸다.

엄마의 뺨에 말없이 흘러내리는 눈물을 본 그 이후 나는 고교 가방끈을 잠시 내려놓았다. 모로 가도 서울만 가면 된다고 했던가? 을지로 오빠네 집에서 가정부가 있었지만 가정부나 다름없는 가사 일과 경리를 보며 일을 했다. 오후 시간을 이용하여 공부를 시작했다. 누가 공부하라는 사람도 없지만 왠지 해야 할 것만 같은 생각이 들었고 그대로 실천했다.

그러나 배움에 대한 갈망은 평탄한 길이 아니었다. 굴곡진 길 걸으며. 배움을 이어가야 한다는 생각에, 올케언니의 무관심과 차별 대우를 참아냈다. 경리 일을 보는 틈틈이 공부를 하고 저녁에는 학원을 다녔다. 노력 끝에 공무원 시험에도 합격했고, 교육학 전공 후 사회복지학 공부도 했다. 드디어 대학 평생 교육원의 주임 강사가 되었다. 엄마는 딸이 강사가 된 것을 공무원 첫 발령 받은 때보다 더 기뻐하셨다.

꾸준한 노력으로 강사가 된 딸을 너무나 자랑스러워하셨다.
무척이나 자랑스러웠나보다. 중학교 선생님들과 기관에서 박사님 몇 분이 배운다는 말을 듣고 "내 딸이 선생들의 선생이 됐네."라며 혼잣말로 던지시던 엄마의 얼굴에 그동안의 마음고생을 보상받은 듯 기쁨이 가득했다. 자식들의 성공을 통해 행복해하시는 엄마의 희생과 사랑이 유난히 크게 느껴진다.

"내 딸이 박사들의 선생이 됐네."라며 장하다는 듯 얼굴에 함박웃음을 머금은 팔십칠 세 노인의 얼굴이 밝았다. 엄마는 집안에 의사 약사, 고시 출신 고위공직 후손들과 잘 사는 자식들 그리고 나의 성공을 통해 비로소 자신이 걸어온 험난한 길이 헛되지 않았음을 보람으로 여기셨다. 당신의 희생과 사랑이 나를 여기까지 오게 했고, 나는 엄마의 꿈을 이어받아 사람들에게 배움의 가치를 나누고 있다.

"엄마, 수고 많이 했어요. 감사해요." 홀시어머니 외아들 호된 시집살이로 늘 아픈 손가락이었던 나에게 "나는 니 걱정 말고는 아무 걱정 없데이."라며 마음 여린 나를 걱정하셨다. 내가 어떻게 사는지 궁금하셨던 엄마는 시어머니가 돌아가신 후 사는 모습 보고 싶다며 둘째 딸 집을 처음이자 마지막으로 한나절 다녀가셨다. 깔끔하게 정리된 집안과 살림살이를 보시더니 그러면 그렇지 역시 내 자식들이라며 흡족해하셨다. 9년 후 세상 모든 행복을 얻은 듯한 미소 지으며 편안히 눈감으신 엄마는 하늘나라에 계신다.

슬프고 기쁘고 즐겁고 힘든 일이 있으면 지금도 제일 먼저 떠오르는 그리운 엄마다. 그리울 땐 감사한 마음으로 엄마를 생각한다. 말보다 행동 실천 모범을 보여 주신 담대한 대장부 사랑과 희생이 없었다면 지금의 나는 없었을 것이다. 엄마의 꿈을 이어받아 사람들에게 배움의 기쁨을 전하며 살아가는 하루하루 엄마의 인향만리 향기를 뿌리며 흉내 내며 그분이 걸어온 길을 생각하며 나도 그 사랑 나누며 살아간다.

"빙그레 웃으며 잔잔한 미소로 응원하시던 엄마 영원히 사랑합니다." 엄마라는 단어를 떠올리며 감사와 그리움을 전한다. 언제나 널 믿는다며 힘내라고 응원해 준 엄마, 개천에서 교수 나게 해준 울 엄마가 오늘은 유난히 더 보고 싶다.

죽음의 늪에서
동아줄 잡던 응급 25시 투병기

　코로나 2차 백신 접종 10일째 되는 날 아침 일어나려는데 몸통과 팔다리가 움직이지 않고 일어날 수가 없다. 물리적인 압박이나 사고 등 무리한 신체 행동도 없었다. 평상시에 없던 일이라 대수롭지 않게 여기며 침대를 잡고 일어나려 버둥거려 봤지만, 수족이 말을 듣지 않았다. 몇 분을 씨름하다 간신히 일어나 한 발을 떼어 놓았다. 순간 척추와 허리가 건물 무너지듯이 밑으로 내려앉았다. 침대에 털썩 주저앉았다. 일어서는 동작을 몇 번 반복 하다가 겨우 일어날 수 있었다. 허리에 양손을 지지하여 엉거주춤 벽을 잡고 식탁으로 나올 수 있었다.

　"허리가 이상하게 건물 내려앉는 것처럼 그러네."라고 혼잣말로 했더니 식사를 차리던 남편이 못 알아들었는지 반응이 없다. 척추 골반이 내려앉는 듯했으나 통증이 없으니 집안에서 조심조심 3일을 보내고 있었다.

4일째 되는 날 아침 이번에는 등 쪽과 앞가슴 갈비뼈 부분이 굴착기로 찍어 올리는 듯한 극심한 통증 동반과 함께 움직이는 동작마다 송곳으로 찌르는 듯했다. 수저 사용하기가 어렵다. 체중이 5kg 빠졌고 전신이 뼈만 남은 몰골 상상도 할 수 없는 일이 닥친 것이다. 3차 병원, 1차 병원, 한의원을 전전하는 동안 의심되는 검사를 모두 했다. 약 종류만 쌓여 갈 뿐이다. 온몸이 막대처럼 뻣뻣한 것은 기본이고 고개 돌리는 것도 로봇 같다. 일단 혈전을 막기 위한 노력을 적극적으로 했다. 심근경색이나 뇌 쪽 문제를 염려하여 혈액이 잘 흐르도록 물도 하루 2리터를 마셨다.

지속적으로 약 복용을 하니 위 기능이 나빠져 음식 섭취도 어렵게 되었다. 부작용이 생긴 것이다. 시간이 흐를수록 증상은 심해져 가고 뚜렷한 검사 결과와 병명도 없다. 한의원이나 병원마다 증상대로 검사했다. 심장, 뇌 혈전, 뇌, 파킨슨병 관련 검사를 했다. 환자의 심각한 상태를 본 선생님들께서 불행 중 다행이라는 듯 검사 결과에만 안심하셨다. 그 병이 아니어서 다행이라는 안타까운 표정만이 위로가 될 뿐이었다. 혹시 싶어서 다른 병원에 전화 예약하면 증상을 듣고는 가까운 응급실로 빨리 가야 한다며 예약을 받지 않았다. 이런 상황이니 날이 갈수록 여기저기서 처방해 주는 약이 세 서랍에 가득 쌓였다. 병원만 믿고 다니다가 진전은 없고 응급상황을 6번씩이나 겪었다.

몸을 가누지 못하는 본인에겐 응급상황이지만 환자가 넘쳐 나는 응급실에서는 사경을 헤매는 중이라도 코로나 검사가 우선이었다. 생과 사의 갈림길에 서 있는 고통받는 이들을 위해 수고하시는 의료진들의 노고가 컸다. 화장실에서 소리내 흐느껴 우는 보호자의 슬픈 울음소리가 애달프게 들렸다. '돌아가셨나 보다.' 두려움이 엄습해 왔다. 공포와 아픔으로 일그러진 얼굴들, 걱정스러움과 망연자실한 표정들, 축 늘어진 모습의 환자들이 살아 있음에 보고 느끼고 겪는 응급실 상황이다.

 사람이 살고 죽는 생사의 갈림길이 종이 한 장 뒤집었다 하는 순간임을 느끼게 된다. MRI 검사 소견 이상 없으면 밤새 시달린 후 지친 육신은 입원을 못 한 채 집으로 돌아와 침대에서 와상 환자로 투병했다. 소소하고 평범했던 내 일상이 사라져 버린 것이다. 투병이 시작된 지 30개월째, 위험 고비는 넘겼으나 통증이 덜 했다, 더 했다를 반복한다. 조금씩 좋아지기는 하나, 기간이 길어질수록 계속 이런 상태로 지내게 될까 봐 걱정도 된다. 해결책이 없으니 몇 걸음씩이라도 걷기로 작정했다.

 몸이 좋아진 다음에 지인들이 그때는 진짜 돌아가시는 줄 알았다며 이젠 걱정 없다며 격려를 한다. 어지럼증 식은땀 구토를 동반한 통증이 극심한 날은 누워 있어도 고통스러웠다. 이런 모습을 보며 "요양원에 가야겠네."라는 우스갯말을 던지고는 친구 만나러 나갔다가 늦은 저녁에 돌아온 관심 없는 남편에게 말할 힘도 없다.

 내 형제자매도 백신후유증이 좀 있나 보다 할 정도로 알고 있었지 죽을 만큼 아픈지는 몰랐다. 7번째 응급상황 발생 시 피붙이들이 밤새 한숨도 못 잤다며 심각함을 알게 되었다. 내 아픔과 고통은 오직 나의 것일 뿐이다. 자식도, 형제도, 누구도 내 슬픔을 알지도 못하고 대신할 수도 없다. 행복해야 할 인생 여정을 백신후유증이 발목을 잡고 있지만, 이 또한 이겨 내리라!

희망을 버리지 않도록 손잡아 주고 격려하며 다양한 죽과 반찬 김치로 음식을 섭취할 수 있도록 수고해 준 지인들이 눈물겹도록 고맙다. 그동안 타인에게 베풀었던 그 사랑을 또 다른 이들이 내게 넘치도록 주고 있다. 누워서 쓰던 글을 조금씩 앉아서 쓰는 이 순간 또한 너무 고맙고 행복하다. 큰 사랑의 힘으로 다시 일어나리라 예상하지 못한 인생길에서 어려움과 마주했고, 때로는 그 고통이 너무 커서, 앞이 보이지 않는 터널 속에 홀로 갇혀 있는 듯한 느낌이 들기도 했다. 터널 끝에는 반드시 빛이 있다는 사실을 나는 알고 있다. 어둠 속을 헤매고 울부짖을 때 희망의 빛을 보내시는 나의 주님 나의 하느님을 의지한다. 그리고 무엇보다도 힘이 되었던 건 '포기하지 않겠다는 의지'였다. 때론 그 의지마저 희미해질 때가 있었다. 그때마다 나를 일으켜 세운 것은 내 안에 있는 작은 희망 불씨였다. 작고 미약해서 보이지 않는 불씨가 꺼지지 않고 작은 불씨로 남았다. 누워서 핸드폰으로 보이지 않는 글을 보기 위해 동공 확장하며 더듬거리며 쓰던 글들이 하나둘 세상에 나왔다. 바로 지금 내 작은 희망의 불씨를 지펴준 작가들과 함께 큰 불꽃으로 타오를 수 있는 희망 불씨를 피우리라. 작가로서의 인생 2막.

내 인생 첫 도전의 길

공무원으로 일하는 것은 자랑스런 선택이었다. 1974년 1월 공무원 첫 발령은 내 인생 항로에 날개를 달아주었다. 여성들의 사회 진출이 거의 없던 시절이었다. 누구나 꿈꾸지 않던 공무원 합격 통지서를 받는 순간 벅찬 기쁨으로 가슴이 콩닥거렸다. 성취감 뒤에는 미지 세계에 대한 궁금증으로 복잡 미묘한 기분도 들었다. 친절 봉사로 민원을 대처하라는 예민함으로 책임감의 무게와 의무 개인적인 신념으로 공무원이 되었다. 국가와 사회에 긍정적인 영향을 미치고 싶다는 열정이 불타올랐다.

지역 주민들과 동료들의 삶에 영향을 미칠 수 있는 권한을 위임받은 듯한 느낌이 들었다. 우체국 첫 발령에 설렘이 가득했다. 성적이 우수한 관계로 22명 발령 대표 선서를 했다. 약간 떨렸으나 기분이 날아갈 듯이 좋았다. 속으로 읽어 보며 아랫배에 힘을 주었다. 엄마에게 자랑하니 빙긋이 웃으며 흐뭇한 미소로 답해 주셨다. 첫 출근 다음 날부터는 기대와 달리 매서운 선배 시집살이가 시작되었다. 구공탄 가져와라 걸레 빨아 청소해라 물자가 부족하던 때

이니 장갑도 없고 뜨거운 물도 없던 시절이다. 꽁꽁 언 걸레를 찬물에 빠니 손이 얼얼하고 시렸다. 이것 끝나면 저것 시키고 해도 모든 것이 생소하니 열심히 했다.

 업무를 익히기 위해 잡동사니 일을 하다가 환저금 업무를 맡았다. 업무 외 일을 시켜도 무조건 해야 되는 줄 알고 순종했다. 1개월이 지난 어느 날 현장을 목격한 다른 선배가 청소 당번이 있으니 시켜도 하지 말라며 조언을 한다. 정식 직원도 아니란다. 이러한 경험으로 인해 나약하게 노출된 나를 인지하고 끊임없는 판단의 공세를 견딜 수 있을지 걱정했으나, 인간관계 안에서 정서적 안녕을 보호하고, 균형 맞추는 것은 어디서나 발생하는 지속적인 과제일 뿐 문젯거리가 되지 않았다.

 1년 후 첫 발령지를 떠나 회색빛 건물 현업에서는 업무 외 직장 합창활동과 봉사활동을 했다.
 국가 재건기의 공직사회 모습은 잘살아 보자는 새마을운동으로 활기가 넘쳤다. 근면 협동 자조 정신은 나의 정신도 일깨웠고 근대화에 이바지했다. 동료들과 틈틈이 하는 봉사활동이 즐거웠다. 오늘이 있기까지 수고한 대한의 역꾼들을 생각하면 가슴이 벅차고 감동의 눈물도 난다. 어찌 우리 이런 날이 올 줄 알았겠는가? 국가 지도자의 뛰어난 영도력과 혁신적 희생이 없었다면 꿈도 꿀 수 없는 환상이다. 산업역꾼들이 흘린 땀과 수고로 우리는 풍요를 누리고 있다.

 1970년대 새마을운동의 주요 과제는 생활환경개선, 소득증대, 의식개혁이었다. 생활환경개선을 위해 농촌의 마을 길 확장, 지붕·담장 개량과 주택개량, 공동시설물과 상수도 설치, 마을회관건립, 소득증대를 위한 농로개설, 농지정리, 소하천정비, 종자개량, 공동작업장 운영, 품앗이 장려 등의 사업이 TV를 틀면 보는 풍경이었다.

직장에서는 아침마다 전 직원 대청소와 국민체조 후 업무를 시작했다. 모내기 돕기, 잡곡 도시락 싸기 등 요즘 젊은이들이 이해 못 하는 가난한 저개발국 이야기 같은 환경이 우리네 삶이었다. 서로 협동하며 잘살아 보려던 의지는 습관이 되어 투철한 국가관이 확립되었다. 나라사랑 찐애국자로 불의를 멀리하는 정의의 사람이 된 것이다. 타협이 필요할 땐 적당히 협력도 할 줄 아는 긍정적인 사람으로 변해 있었다.

국가 재건기에 살았던 나의 공직사회 모습이다. 먹고 사는데 급급했던 시절이라 어디를 둘러봐도 잘살아 보자는 슬로건 아래 가정 직장 공장 농촌 곳곳이 새마을운동으로 활기가 넘쳤다. TV나 마을 확성기에서 흘러나오는 새마을 노래를 들으면 발걸음도 가볍고 상쾌했다. 근면 자조 협동 정신은 나의 정신도 일깨웠고 근대화에 이바지하게 했다. 오늘이 있기까지 수고한 대한의 역꾼들을 생각하면 가슴이 벅차고 감동의 눈물도 난다. 어찌 우리 이런 날이 올 줄 알았겠는가? 국가 지도자의 뛰어난 영도력과 혁신적 희생이 없었다면 꿈도 꿀 수 없는 현실이었다. 우리나라가 베트남 보다 못 살았던 그 시절을 살아본 사람으로 어찌 아니 눈물겹지 않은가? 그 당시 우리 집엔 가정부도 있었지만 사회와 나라가 전반적으로 가난하고 모든 것이 부족했던 시절이었다.

체신부 전자계산소에 발령을 받으니 현업과는 다른 분위기다. 동산에 뻐꾸기 종달새가 지저귀고 양쪽에 펼쳐진 푸른 소나무와 튼실하게 핀 예쁜 장미꽃이 출퇴근을 즐겁게 했다. 점심 식사 후 동산 벤치에 앉아 담소하며 보내는 휴식시간도 행복한 시간들이었다. 한마디로 환상적인 환경이었다. 전산실에서는 쉴 새 없이 신호를 주고받는 빨간불들과 대형컴퓨터가 신비했다. 전산실의 신비함은 오래 가지 않았다. 한여름에도 두꺼운 잠바를 입어야 할 정도로 추웠고 냉방병을 들게 했다. 전산실에서의 작업은 심한 기계소음과 전국에서 발송되어 오는 OMR카드 작업 시 먼지를 뒤집어쓰는 일은 일상이었다. 말이 전산이지 중노동 일꾼이었다. 모두가 오고 싶어 하는 전자계산소 모습이다. 1986년 민영화와 더불어 광화문 본사로 옮기게 되었다. 관리업무와 전산 운영 관련 일을 주로 맡았다. 그 사이 우리 부서엔 책상 위에 퍼스널컴퓨터 1대씩이 주어졌고 환경이 좋았다. 대민 봉사업무와 상관없는 일을 해서 그런지 사무실 분위기도 좋았다.

초창기 개발업무의 특수성 때문에 프로그램 전담반인 우리 과 직원은 정신적으로 힘들고 육신도 고달팠지만 40년이 지난 지금도 잊지 않고 떠오르는 기억 속의 그리운 이들 보배로운 이로 남아 있다. 당시 나는 손이 많이 가는 개구쟁이 여섯 살 네 살 남자아이가 있었고 다른 직원은 미혼이거나 갓 결혼한 신혼이었다. 홀시어머니 외아들이라 처음부터 함께 살았다.

우리 부부 급여도 첫 달부터 어머니가 관리하시겠다고 하셔서 오랜 세월 용돈을 타서 썼다. 효도하는 마음으로 당연하게 생각하며 지냈는데 10년이 지나가니 주도권이 없이 살아도 화목함 하나로 긍지를 느끼며 살았다. 자유로움도 지나치면 방임이 되는지? 어느 날부터 이유 없는 짜증도 내시고 한숨 쉬고 트집을 잡으시니 집안에 먹구름이 끼기 시작했다. 그만큼 살면 됐다며 애 봐 주지 말라는 말에 귀가 약해지신 듯했다. 처음엔 일을 가지고 그러시더니 그렇다고 그만두라는 것도 아니다. 직장에서 축지법으로 일을 할 수도 없고 정신적이나 육체적으로 힘든 시간들을 보냈다. 식기세척기와 드럼세탁기가 출시되자 바로 전체 집수리를 하고 일하는 아주머니도 썼다.

애들 어릴 때는 출근 전 빨래 빨아 놓고 나가고 퇴근 후 빨래 개고 장 봐서 다듬어 씻어 놓고 설거지까지 하는데 단지 낮에 애들 밥 차려 주고 건사하는 것인데 왜 그리 힘들게 하시는지? 남편도 어머니 눈치만 보며 말씀 한마디에 벌벌 떨기만 한다. 어디서 배워먹은 버르장머리냐며 엄마까지 들먹이며 당장 다시 배워오라며 분노하신다. 견디다 못해 이유 없는 트집을 설명하려는 중이었다. "그게 아니고요. 어머니!" 이 한마디에 어디서 어른한테 대꾸냐며 갑자기 남편의 오른손이 얼굴 쪽으로 날아왔다. 동작과 함께 빠르게 피한 얼굴을 비켜갔다. 분을 못 참는 어머니 편을 든 것이니 분위기는 말이 아니다. 늘 이런 식의 트집이 갈수록 심해진다.

어느 날 같은 단지로 이사 오신 오빠가 어린이날을 맞아 동생 출근하니 올라가면 어른 귀찮게 하니 학용품 경비실에 놓고 갈 테니 가지고 가라는 게 전부이다. 인사 않고 갔다고 꿇어앉힌 후 당장 다시 배워오라며 호통을 치신다. "형제가 많아 사부인께 교육을 잘 받은 줄 알았는데…."라며 친정엄마까지 거론하는 이유 같지 않은 분노를 표출하신다. 간혹 며느리를 힘들게 하는 시부모도 있었지만 그리 흔한 일은 아니었다. 겉으로 소문난 화목한 집안 칭찬받는 것도 싫지 않았다. 친정 식구들이 마음 아파할까 봐 혼자 삭이며 눈물을 많이도 흘렸다. 말로 다 할 수 없는 트집과 말장난을 참고 사느라 화병이 되어 갑상샘 암 수술까지 했지만 나쁜 습관은 고쳐지지 않았다. 가정법률상담소장님이 살려면 당장 그 집에서 나오라며 역정을 내셨지만 애들을 생각하니 그대로 주저앉을 수밖에 없었다. 분별력을 잃은 아들을 부추기는 변치 않는 환경에 몸에 이상 신호가 오고 더 이상 참을 수 없음에 이혼을 결심 후 폭발해 버렸다. 내 안에 그런 무서운 성질이 내재 돼 있었다니 참고 쌓이다 보니 눈에 뵈는 것 없으니 용감해졌다. 행복한 가정이 왜 이래야 하느냐며 악을 쓰며 울었다. 처음 보는 반항에 놀란 식구들 그 와중에도 화분이 이렇게 됐다며 아들을 부추기지만 감당 못 할 기세에 눌렸다. 1개월 전 청소를 하는 중 귀 얇은 남편이 이혼장을 써 놓고 있던 것을 발견한 것이다. 못 본 척 지내는데 고마워해야 할 일에 집안을 또 들었다 놓았다 하길래 이번엔 참을 수가 없었다. 인간관계와 인연이 얼마나 중요한지? 사람을 살리고 죽이는 살인보다 무서운 것이 사람의 혀라는 것을 알게 되었다. 짧은 세 치 혀의 위력이다. 요즘 시대 이런 시집살이가 있느냐며 함께 울어주고 기도해 주던 때의 한 많은 시집살이 소설 같은 이야기이다. 이젠 이런 아픔도 추억 속에 묻고 용서로 바뀌었지만 조각난 작은 상처는 아직도 아물지 못한 채 당한 사람은 아직도 이해하며 살아갈 뿐이다. 이런 게 팔자이고 운명이라면 이젠 단호히 내 인생 바꾸고 고쳐 살아야겠다. 아직도 글에 담겨지니 덕을 얼마만큼 더 쌓으라는 하늘의 뜻인지? 이젠 그 전능하신 분의 뜻에 저항도 하며 자주 대화를 한다. '난 너를 사랑한다.'라는 어제도 오늘도 변함없는 그분의 말씀에 귀 기울이는 순간 어느새 나는 어린양이 된다.

BEAUTY
IS BORN
FROM
ADVERSITY

장려상   윤지원 작가

인생 행복의 조건은 돈인가?
돈보다 중요한 가치를 찾아 떠나자.

걸으면 살고, 누우면 죽는다!

"돈은 잃을 수 있지만,
당신이 세상에 기여한 가치는 영원히 남는다"
- 알버트 아인슈타인

끊지 못하는 욕심

"돈은 좋은 하인이지만, 나쁜 주인이다."
-프랜시스 베이컨

돈 많으면 좋지? 그럼 돈 많으면 좋다마다. 신이 당신에게 돈을 준다고 하면 얼마를 요구할 것인가? 10억? 100억? 1,000억? 얼마가 있어야 행복하고 만족한 삶이 되는 것일까? 매주 복권을 사는 지인이 있다. 그는 10년째 매주 복권을 1만 원씩 산다고 한다. 10년이면 원금만 520만 원이다. 1등 당첨되면 20억 정도 들어온다고 한다. 앞으로 평생 당첨되지 않는다고 가정해 보자. 40년 더 산다고 치면 2천만 원의 돈이다. 복권을 사서 토요일까지 기대되고 행복한 마음으로 보내는 값 2천만 원 돈이 많으면 행복한가? 돈이 적으면 불행한가? 가난한 집에서 태어나서 실업계 고등학교에 다녔다. 1992년 고등학교 3학년 11월에 대기업에 입사하게 된다. 그 당시에는 실업계 고등학생을 대기업에서 채용했다. 일하다가 일명 CC 기업 커플 직장에서 남편을 만났고 세 아이의 엄마가 된다. 순조롭고 평화로운 가정생활 아이 키우랴, 직장생활을 하랴 정신없이 보내는 시절 강물이 평화롭게 흘러가고 있을 때 폭풍우가 몰아친다.

남편이 주식을 시작했다. 주식은 투자에서 투기로 바뀌고 가지고 있던 돈으로 만족 못 하고 여기저기 돈을 빌려서 판을 넓혔다. 남편은 나에게 물었다. "자기야 양평에 집 살까? 가평에 집살까? 강남에 살까? 우리가 넓은 집, 좋은 집, 좋은 차 사서 부유하게 사는 꿈을 꾸니 난 행복해. 조금 있으면 그렇게 될 거야!" 희망은 욕심이 되어 남편을 더욱 부추겼다. "더 많이 투자해! 더 빨리 벌어! 총알이 많아야 더 큰 수익이 날 수 있다고! 돈 좀 더 모아봐!!!"

남편의 표정이 무서워졌다. 본인은 행복한 꿈을 꾸는데 타인은 그 모습이 왜 무섭게 보일까? 설명하고 설득하고 달래고 어르고 화를 내도 남편은 멈추지 않았다. 결국 우리는 파산하게 된다. 대기업 근무 23년 만에 나는 회사를 그만두게 된다. 남편 역시 퇴사했다. 나의 퇴직금으로 빚을 갚았고, 남편은 마지막 승부를 걸었다. 나 몰래 퇴사해서 퇴직금으로 주식투자를 한다. 그때 주식투자를 해서 돈을 많이 벌었다면 지금 우리 가족이 부유하고 행복하게 살고 있을까?

결국 마지막 승부는 망했다. 평생 갚을 수 있나? 싶을 정도의 빚을 졌다. 어쩜 능력도 좋지. 내가 모르는 곳곳에 돈을 빌려서 주식투자를 하냐. 이 많은 빚을 어떻게 갚지? 우리 집은 폭풍우가 몰아쳤다. 아주 거센 개미 태풍보다 더 심한 나는 만신창이가 되었다.

매일 울고 지내는 날들

*"부서진 신뢰는 되찾기 어렵고,
깊어진 상처는 쉽게 아물지 않는다."*

 번번한 직장은 없고 갚아야 할 빚은 많을 때 당신은 어떻게 할 것인가? 매일 매일 울고 지내는 날들이 이어진다. 아가씨 때부터 다녔던 23년의 직장생활 퇴직금, 남편 퇴직금 그리고 남은 건 빚이다. 이 상황을 어떻게 해야 할지 울음밖에 나오지 않는다. 앞은 깜깜하고 길은 어둡다.

 아이들 셋 자는 모습을 봤다. 이대로 무너지면 우리 아이들한테 너무 미안했다. 남편은 택시회사에 취업하고, 나도 직장에 다녔다. 많은 빚을 갚을 생각에 앞이 깜깜했다. 그러던 중 우리는 회생 신청을 하게 된다. 다행히 회생 신청 승인이 났다. 남편은 택시 운전을 하면서 성실하게 회생 3년을 무사히 통과하게 된다. 우아, 대박! 보이지 않았던 길이 환하게 보인다. 공식적인 빚은 다 갚은 것으로 인정되고, 지인에게 빌린 돈은 회생되지 않았다. 그래도 너무 감사하다.

 직장을 다니던 중 목에 멍울이 생겨 수술하게 된 나는 직장을 그만두게 된다. 상처가 아물고 마을 학교 강사, 방과 후 강사를 했다. 고정적인 돈벌이는 안 돼도 내가 노력하면 직장생활 이상으로 벌 수 있을 것 같았다. 우리는 다시 안정을 찾게 되고 강물은 평온하게 흘러간다. 평온하게 흘러가는 강물이 심심해졌을 거란 생각을 했나? 우박이 쏟아지더니 강물이 일렁인다.

 어느 날 우편이 도착했다. 우편의 내용은 제3금융권에서 이자를 갚지 않은 독촉장 내용이다. 아이쿠야, 이게 뭐야? 부서진 신뢰는 되찾기 어렵고 깊어진 상처는 쉽게 아물지 않았다. 다시 시작이다! 욕심이 꿈틀거린다. 할 수 있을 거란 자신감이 든다. 조금만 하면 많이 벌 수 있을 것 같다. 내 인생 이렇게 살고 싶지 않다. 한번 사는 인생 멋지게 폼나게 살고 싶다. 좋은 곳에서 살고 골프 치며 여행하고 즐기며 살고 싶다. 나는 할 수 있다. 돈이 있어야 한다. 자본금을 구해서 다시 시작한다. 그래 난 이대로 내 인생 이렇게 살 순 없다. 폼나게 멋지게 살아보자! 난 나니까!!

 좋은 집에 살면, 골프하고 살면, 좋은 차 타고 다니면 행복하다! 남편의 생각이다. 20년 살아온 남편이 이제는 남의 편 같이 느껴진다. 10년 동안 남편을 바꾸고자 했다. 그동안의 실패가 성장의 원동력이 될 줄 알았다. 날아온 이자 독촉장은 한 장만이 아니다. 회생이 끝났고 족쇄는 풀렸고 이제 다시 시작! 이제는 선물이다. 선물이 도대체 뭐야? 어이쿠! 제3금융권, 지인에게 다시 빚을 지기 시작했다. 나는 다시 폭풍우에 휩쓸리기 싫다. 어처구니없는 이 상황에 병원에 입원하게 된다. 병원에서 잠만 잤다. 자고 또 자고 또 자고 사람이 이렇게 잘 수 있구나. 병원 밖은 벚꽃이 한창이었다. 평소 좋아하던 벚꽃을 봐도 무감각해지고, 나는 병든 닭처럼 매일 잤다. 친구가 면회를 왔다. 그리고 새벽예배를 갔다. 병원에서는 울음조차 안 나오더니 교회에 가니 가슴이 뜨거워지면서 막 울었다. 울음을 멈출 수가 없다. 10년 동안 바뀌지 않는 사람 이제는 놔 주련다.

　병원에 있으면서 내가 죽을 것 같아 결심하고 남편을 만나 이야기한다. "나는 당신이 선물투자 하는 것을 원치 않아. 당신이 선물투자 하고 싶으면 이사할 때 당신은 따로 나가서 살아." 우리는 집이자 갚기 버거워져서 집을 팔았다. 곧 월세 집으로 이사한다. 남편은 선물투자를 하고 싶고, 아니 큰돈을 벌고 싶어 한다. 그것이 가족이 헤어지는 결과를 낳더라도 말이다. "당신이 선물투자로 돈을 많이 벌어서 건물을 사서 그것을 아이들에게 물려준다고 해. 예민할 나이에 받을 상처가 아물까? 아빠의 사랑은 언제나 필요해. 나는 지금도 아빠의 사랑을 받고 싶으니까. 아이들의 깊어진 상처는 어떻게 할 거야?"

　10년간 내가 힘들어도 아이들을 위해서 싸우는 모습을 보이지 않으려고 노력했다. 내가 어렸을 적 아빠는 공부를 못한 (못 배운) 서러움 때문에 술을 마시고 가족을 괴롭혔다. 그럴 때 우리에게 힘을 주는 건 엄마다. 엄마는 긍정적인 사람이고, 잘 웃어주었다. 파출부를 하면서 자기 몸은 힘들고 밤에는 남편의 술주정과 폭력으로 매일 술을 마시며 잠들었다. 엄마가 있기에 우리는 잘 컸다. 아빠의 그런 모습 때문에 나는 남편이 아이들에게 자상하고, 책임감 있기를 바랐다. 아이들은 아빠의 사랑을 듬뿍 받으며 자랐으면 했다.

나와 같은 일이 일어나지 않기를 바랐는데 아이들에게 상처가 될까 너무 미안하다. 엄마는 괴로워 매일 술로 지내다 70세에 간암으로 돌아가셨다. 나는 엄마처럼 되기 싫다. 지금도 엄마가 보고 싶은데 볼 수가 없잖아. 건강하게 행복하게 오래 살아야지. 엄마한테 맛있는 거 사드리고 싶은데 말이야. 함께 여행도 많이 안 가봤는데 할 수 없잖아. 내가 건강해야 우리 아이들도 행복하다. 그래서 결심했다. 나는 아프지 말아야지. 건강하게 살아서 아이들하고 맛있는 거 먹고 행복하게 살 테야.

아이들에게 말하니 아이들이 그동안 엄마 매우 힘들었을 거라며 나를 위로해 주었다. 우리는 이사가게 되고 아이들 아빠는 따로 방을 얻었다. 이렇게 독립이 시작되었다. 병원에 있을 때 동생의 권유로 출판지도사 과정을 이수했다. 매일 울고 다닐 때라서 그냥 가기만 했다. 출판지도사 권경민 대표의 역경스토리를 들으면서 나도 울었다. 사업에 망하고 쿠팡 다니면서 다시 도전한다. 나보다 더 힘든 상황이었을 것 같다. 그리고 다른 수강생들의 힘든 이야기를 듣는다.

강물은 흘러간다. 고요해 보인다. 그러나 해마다 태풍이 분다. 태풍을 거친 강물은 다시 맑아지고 바다로 흘러가 큰물을 이룬다. 사람들은 평온해 보인다. 그러자 저마다 태풍을 겪는다.

"고난을 마주할 때마다 그 속에 기회가 숨어 있다."
- 알버트 아인슈타인

인생은 태풍에 피해를 입고 복구에 힘쓰느냐, 그대로 남아 있느냐의 차이다. 복구하는 힘은 어디서 날까?

Just do it! Live Fully
가슴 뛰며 사는 삶

"삶의 의미는 자신의 재능을 찾는 것이고,
삶의 목적은 그 재능을 나누는 것이다."
- 파블로 피카소

당신이 행복할 때는 언제인가? 내가 가장 행복할 때는 언제인가? 생각해 보니 음악을 들으며 음악에 몸을 맡길 때 자유를 느낀다. 그리고 행복하다. 음악은 다양한 감정의 표현이다. 슬프고 외롭고 기쁘고 행복한 이야기가 다 들어있다. 나를 음악에 맡기고 감정에 충실함을 표현하는 것은 바로 '춤'이다. 춤출 때 나는 행복을 느낀다. 몸이 가벼워진다. 나도 모르게 내 몸이 춤추고 있다. 출판지도사 자격증 과정을 이수하면서 한국지식문화원 권경민 대표를 알게 된다.

퍼스널 브랜딩, 강사 이야기, 인문학책을 공저로 쓰게 되면서 나의 모습을 발견한다. 내가 잘하는 것 내가 좋아하는 것을 발견한다. 그것이 바로 춤이었다. 첫 발견이다. 우아, 그래. 나는 춤 출 때 기분 좋아지고 행복하지? 대단한 발견이다. 권경민 맥주 인문학 강사님의 강의에 초대되어 강의를 듣게 되었다. 매우 흥미롭고 재미있게 진행한다. 강의가 끝나고 잠깐 대화시간에 '춤인문학'에 대한 발견을 하게 된다. 심 봤다!

한국출판지도사협회 임원으로 활동하게 되고, KCN 뉴스 기자가 된다. 무엇보다 내 재능을 발견하게 되어 너무 기쁘다. "쌈박한 춤인문학 스타강사 윤지원" 태풍은 잠잠해지고 이제 복구에 돌입한다. 복구하게 된 힘은 무엇인가? 아이들의 행복은 곧 나의 행복이다. 내가 행복해지면서 할 수 있는 일! 나는 그것을 찾았다. 이제 최선을 다해 복구할 것이다. 그리고 큰물로 흘러간다. 큰물이 되면 나는 작은 공기가 되어 날아가고 작은 냇물에서 시작하겠지.

애들아! 엄마 걱정해 줘서 정말 고마워. 이제는 엄마가 행복해지고, 너희들도 행복해지는 방법을 알게 되었어. 그것은 태풍을 겪고서야 알게 되지. 인생에 힘든 일은 언제나 있단다. 그렇지만 그때마다 엄마가 곁에 있어 줄게. 그리고 힘이 되어줄게. 걱정하지 말고 너희의 꿈을 찾아 재능을 찾아보렴. 그리고 나아가려면 인생은 참 재밌단다. 강물이 매일 평온하면 물고기는 재미없어 못 살 거야. 큰 바위가 있고, 때로는 황새가 날아와서 위협하고 때로는 이쁜 물고기가 함께 헤엄쳐야 살맛 나는 강물일 거야.

우리 인생도 평온하면 재미없어 살겠니? 태풍이 불 때는 태풍이 부는 대로 복구하면 되는 거란다. 그때 엄마가 있어 줄게. 함께 극복해 나가자. 힘들 때는 하나님께 기도해 봐. 그러면 좋은 인연을 만나게 해 준단다. 그 인연을 알아보고 함께 나아가는 거야. 힘차게 뒤돌아보지 말고 알았지. 우리 함께 헤쳐 나가자. 그리고 행복한 삶을 살자.

사랑한다. 우리 아이들

"어둠 속에서 길을 잃지 말고,
그 안에서 별을 찾아보세요."
- 오프라 윈프리 -

BEAUTY IS BORN
FROM ADVERSITY

BEAUTY
IS BORN
FROM
ADVERSITY

장려상   강화정 작가

우린 모두 과거의 상처 속에서
나만 아는 '성인아이'가 있다.
'용서'와 '사랑'이라는
해결책으로 허기짐을 채워야 한다.
그래서 오늘도 나는 성장한다.

내 안의 '성인아이', 토닥토닥!

연은 순풍이 아니라 역풍에 가장 높이 난다.
- 윈스턴 처칠

꿈을 잃어버린 신도시

#1
때: 2024년 겨울의 문턱
장소: 공항 입국장에서

"엄마"
멀리서 딸의 목소리가 들렸다. 2년 반 동안 이역만리 미국에서 생활하며 카톡으로 가끔 듣던 목소리가 생생한 육성으로 들렸다. 세상의 모든 엄마가 그러듯 넓디넓은 신병 교육장에서도 똑같은 헤어스타일, 같은 복장이지만 단번에 내 자식은 보이는 게 이 땅의 엄마다.

여기저기 흩어져서 어지럽게 나오는 인파 속에서도 내 핏줄은 단번에 보인다. 펑퍼짐한 운동복에 긴 머리를 풀어 헤치고 흰 모자를 푹 눌러쓴 꾀죄죄한 모습은 현실 기내패션이었다. 난 TV 드라마에서 보던 장면을 꿈꾸며 딸이 도착하기 전, 부리나케 준비한 꽃다발을 들이밀며

"귀국을 축하한다."

애써 참던 눈물을 감추며 눈물을 훔쳤다. 살짝 당황했는지 딸은 '남들이 쳐다보는데 내가 금메달 딴 줄 알겠다'라는 둥, '지난번보다 더 나이 들었다'는 둥 실없는 농담으로 나를 안심시켰다.

"잘 지냈니?"

아빠는 넉넉한 품에 딸을 안으며 기쁨을 감추지 못했다. 차 안에서도 '꽃다발은 얼마냐. 비싼 꽃다발은 왜 준비했느냐, 플래카드는 안 썼냐.'며 너스레를 떨며 나름의 인사말을 대신했다. 천생 여자 같은 외모와는 반대로 마치 수박처럼 겉모습과는 달리 털털한 아이이다.

철없던 사춘기 시절 '아들 같은 딸이 될게요.' 농담처럼 던지더니 아들 같은 딸이 되었다. 밝고 사랑스러운 아이, 이런 내 딸의 커다랗고 예쁜 눈망울에 눈물이 마를 날이 없던 시절이 있었다.

#2
때: 2010년 12월의 끝자락에서
장소: 어느 선술집에서

갑작스러운 남편의 데이트 신청이었다. 평소에도 카페를 즐겨 찾지 않는 남편답게 일본 사케를 따뜻하게 데워마시는 오뎅바로 나오라고 연락이 왔다.

3년 전, 신도시로 이사 온 이후엔 한가하게 시간 내기도 어려웠다. 신도시에 적응하며 특목고 입시에 정신이 없던 사춘기 아들과 갑작스러운 환경 변화로 친구 만들기에 여념이 없던 딸로 시간은 쏜살처럼 흘렀다. 나 역시 하던 일을 잠시 멈추고 인프라가 없는 낯선 신도시에서 시간과 사투를 벌였었다. 멀리서 사는 친구들과 이웃들과는 가끔 만나며 신도시 적응하기는 쉽진 않았다. 게다가 시원하게 말은 하지 않아도 남편의 사업이 삐거덕거린다는 것은 눈치채고 있었다.

　술집에 이미 도착해 소주 한 병을 비운 남편은 얼굴이 살짝 상기되어 있었다. 내가 도착해도 별말 없이 힘없는 미소만 짓던 남편은 힘겹게 말을 전했다.

　"여보, 이젠 힘든 날이 올 것 같아, 사업이 쉽지 않네."
　무심한 척, 용기 내 건넸을 남편의 말에 내 머릿속엔 무슨 말을 해야 하는지, 이럴 때 위로가 필요한지, 자세하게 얘기를 하라고 해야 하는지 갈피를 잡을 수 없었다. 그렇게 시간은 흘렀고 술도 약한 내가 소주 한 병을 비웠다.

　그리고 바깥의 눈발 내리는 풍경과 자욱한 국물의 연기로 유리창엔 습기가 가득 찼다. 억지로 힘들여 닦지 않으면 보이지 않는 유리창처럼 우리의 장래가 암담하기만 했다.

상처에는 온기가 필요하다.

#3
때: 2012년 3월의 꽃샘추위 속에서
장소: 얼어붙은 집

남편과의 술자리 이후 조금씩 퍼즐 맞추듯이 맞춰져 갔다. 평소에 남편의 사업에 신경도 쓰지 않고 관여도 잘 하지 않던 난, 간간이 남편이 돈 있냐고 하는 질문에 그냥 하는 소리로 편하게 넘겼었다. 그런데 그동안 자금 문제로 몹시 힘들었던 것이다.

남편은 벌려놓은 일들이 많았다. 전원주택 단지를 꾸미기 위해 투자한 돈도, 화성의 유니버설 스튜디오가 건설된다는 정보에 사들인 땅도 급하게 처리하자니 임자가 쉽게 나타나지 않았다. 게다가 정부의 부동산 정책이 숨통을 조여오면서 자금의 순환은 더 어려워졌다. 한번 삐꺽거리기 시작한 남편의 사업은 기울기 시작하더니 결국 돌이킬 수 없는 상황이 된 것이다.

이사 오기 전, 사업이 잘되니 신도시로 이사 가지 말자고 했는데 이런 결과가 되니 남편이 원망스러웠다. 쌀독에서 인심 난다고 빈 통장은 가정불화를 일으켰다. 남편은 성격이 급한 편인데 사업까지 실패한 상황이니 마음의 불편함은 더했고 그냥 지나칠 일도 예민하게 반응했다.

나 역시 남편의 마음을 이해해야 한다고 머리에선 그랬지만 가슴이 답답해 하루하루를 버텨내며 견뎠다. 통장과 적금, 보험은 하나씩 해약했고 장롱 깊은 곳에 있던 패물도 금방에 내다 팔며 딸의 학원비로 대신했다.

중학생 때까지도 밝고 명랑하던 딸은 점차 말수가 줄었고 이런 분위기는 꿈 많은 여고생의 마음을 억누르고 있었다. 이사 오기 전 발레리나를 꿈꾸던 딸은 중학생이 되어 이런저런 이유로 발레를 그만두었다. 입시로 바빴던 오빠와는 이야기를 나눌 기회도 없었고 과학 고등학교를 다니니 2년 안에 진학해야 하는 또 다른 대학 입시가 기다리고 있었다.

늘 아이들 수저에 조갯살을 발라주던 남편은 집에 머무는 시간도 많아지면서 짜증이 늘어갔다. 그리고 침묵 속에서 컴퓨터와 씨름하는 시간이 길어졌다. 그렇게 온기가 있던 집 안은 서늘해졌고 말의 온도는 차가워지며 서로가 자신의 방 속에서 동굴처럼 지내게 되었다. 식사 시간 외엔 특별한 얘깃거리도 접어둔 채 이렇게 우리 집은 점점 얼어붙었다.

#4
때: 2012년 10월의 마지막 밤
장소: 아파트 공원을 거닐며

어느 날, 새벽 두 시.

숨이 안 쉬어진다는 남편의 부름에 잠을 깼다. 가슴이 답답하고 숨쉬기가 어렵고 뛰어내릴 것만 같다고 했다. 평소에 웬만큼 아파서는 아프다는 말을 안 하는 사람인데 큰일이 난 것 같아 정신이 없었다. 안절부절못하는 남편의 손을 잡고 부랴부랴 대충 옷을 걸치고 일 층으로 내려갔다.

남편은 식은땀을 흘리며 좀처럼 안정을 취하지 못했다. 무슨 일이라도 날 것 같아 두 손을 꽉 잡고 아파트 1층 공원을 걸었다. 차가운 가을밤의 공기를 가르며 남편의 호흡은 점차 안정을 되찾았다.

그 뒤로 남편은 잠을 자다 거실로 나왔고 베란다 문을 열고 숨쉴 공기 한 모금이라도 마셔야 살 것처럼 바깥 공기를 들이마시며 아침 해를 맞이했다. 불면증은 심해졌고 삶의 의미를 잃은 사람처럼 날갯죽지를 늘어뜨렸다.

"내일 병원에 가보자."

웬만큼 아파서는 병원에 가지 않는 남편이 먼저 말을 꺼냈다. 평소에 꾀병 없는 남편이라 덜컥 겁이 났다. 겉보기에 다친 곳도, 멍든 곳도 없지만 어딘가 아픈 게 분명하다.

'공황장애'

TV 연예인이나 큰 경기나 공연을 앞둔 스타만 걸리는 줄 알고 있던 낯설지 않은 병명이었다. 특별한 이유 없이 예상치 못하게 나타나는 극단적인 불안 증상. 극도의 공포심이 느껴지면서 심장이 터지도록 빨리 뛰거나 가슴이 답답하여 죽을 수도 있다고 느끼는 공황장애. 소리 없이 침체되었던 남편은 극도의 불안과 스트레스 속에서 병을 키웠다. 설상가상으로 시댁에서 일이 생겨 그 일까지 하느라 남편의 스트레스는 이미 과부하 상태였다. 그래도 난 스트레스를 운동과 좋아하는 미술관, 박물관 가는 것으로 해소했지만, 남편은 고스란히 마음의 병으로 키웠다.

사업 실패 후 건드려질 때마다 화만 내던 남편은 공황장애 진단 이후 화낼 힘마저 잃은 패잔병이 되어 버렸다. '나라도 정신을 차려야 한다.'라는 강단이 생겼다. 딸과 나는 수시로 남편을 살폈고 편안하게 하려고 애를 썼다.

우선 급한 불은 껐으니 시댁 일은 각자 그들에게 맡기자고 말했다. 그리고 이제부터는 내가 더 일할 테니 우선 공황장애부터 고치자고 했다. 더 일찍 따스한 말로 감싸지 않은 게 후회가 됐다. 그렇게 시간은 또 흘러갔다.

#5
때: 2014년 3월의 꽃샘추위 속에서
장소: 교실에서

"엄마, 눈이 너무 아파. 무겁고 잘 안 떠져."
고등학교 2학년인 딸은 까만 눈동자를 깜빡이며 이런 말을 자주

했다. 보기엔 충혈이 된 것도 아니고 눈도 잘 떠져 별문제가 없었다. 입시 스트레스가 오는 거라며 대수롭지 않게 받아들였다.

한두 번, 얘기하고 끝날 줄 알았는데 계속되는 딸의 요청에 여러 병원을 다녔다. 안과, 내과, 피부과까지 가봐도 특별한 이유가 없었다. 급기야 딸이 검색한 서울의 유명한 성형외과까지 가기로 했다. 눈꺼풀이 혹 문제가 있을 수 있다는 딸의 고집 때문이었다. 결국 의사 소견엔 이상이 없다고 하였고 스트레스가 있으면 그렇게 느낄 수 있다고 했다.

그리고 몇 달 뒤, 고3 학부모 총회에 갔다. 이사 온 뒤, 아들 입시와 어수선한 집 안 분위기로 운동과 혼자만의 취미생활에만 몰두하던 나는 반 학부모와는 별로 친교가 없었다.

딸아이 짝꿍 엄마라며 먼저 반갑게 인사를 하셨다. 딸이 학교에서 가끔 운다는 얘기를 들었다며 조심스럽게 말을 전했다. 집으로 돌아오는 내내 마음이 우울하고 편치 않았다. 가끔 문 닫고 들어간 적은 있었지만, 으레 입시 스트레스로 그럴 수 있다고만 여겼었는데⋯.

집에 돌아가 딸에게 조심스럽게 말했을 때 '별것 아니야.'라며 말하기를 꺼렸다. '지금은 모두가 힘드니 조금만 참자.'라며 말을 했지만 내 마음속엔 이미 알고 있었다. 엄마, 아빠가 걱정할까 답답한 표시도 못 내며 그 마음이 넘쳐 학교에서 울었을 것이다. 말하지 않아도 그 마음이 전해졌다.

그런데 나 역시 지쳐있어 마음에 위로가 아닌 부담을 얹고 말았다. 이미 상처가 나 아플 만큼 아픈 딸에게 진통제와 소염제가 아닌 밴드 한 장으로 상처를 덮으려 했다. 그땐 몰랐지만 온기 없이 나만 생각한 말이었다. 상처엔 말의 따뜻한 온도가 필요한 것이지 말이 필요한 것이 아니다.

#6
때: 2015년 12월의 한가운데서
장소: 패밀리레스토랑

한 해를 정리하듯 거리는 분주하다. 여기저기 흘러나오는 캐럴은 예수 탄생을 미리 축하하고 다가오는 2014년을 애써 부르고 있다. 딸은 힘겹던 재수 생활을 정리하고 갑작스럽게 진로를 변경하였다. 군 복무를 마치고 사회인이 된 아들과 모처럼 온 식구가 저녁 식사를 했다.

시간이 흘러가면서 조금씩 경제 상황도 나아졌다. 전에 하던 사업과는 전혀 다른 방향의 사업을 시작하였다. 신혼살림도 맨바닥에 시작해 사업을 일구었던 저력이 있어 다시 한번 맨바닥부터 시작하였다. 바닥까지 내려갔으니 올라올 일만 있어 두려울 일이 없었다. 큰 인생의 시련을 겪었기에 웬만한 일은 걱정거리가 안되었다. 거센 인생의 역풍이 우리를 단단하게 만든 것이다.

세상에 흔들리지 않고 피는 꽃이 어디 있으랴

#7
때: 2016년 7월의 여름의 가운데서
장소: 서울의 어느 호프집

"내가 왜 미국 가려는 줄 알아? 한국에 미련이 없어. 좋은 추억이 없다고!"

학창 시절 힘들었던 고비를 이겨낸 아군이라고 생각했던 딸은 가끔 부모 탓을 했다. 안정된 직장에 입사 한 아들, 자리 잡은 남편의 사업, 내놓으라 하는 기업의 비서로 근무하면서도 딸은 유행가 가사처럼 가시가 있는 말을 했다.

어느 날, 딸이 직장과 가까운 곳으로 이사하여 가까운 주점에서 오랜만에 마음 깊은 이야기를 나누게 되었다. 둘 다 술이 약해 가볍게 마신 맥주에 취기가 올라 평소에 쉽게 하지 못한 이야기꽃을 피웠다. 그러다 딸은 학창 시절 우울하고 불안했던 시간을 다시 돌려놓으라고 울부짖었다.

딸은 엄마, 아빠의 힘든 시기가 이해도 되고 고맙기도 하지만 내 잃어버린 학창 시절을 돌려달라며 몇 년을 되새김질했다. 과거의 상처로 봉인한 딸이 안쓰럽기도 했지만, 그로 인해 나의 자존감은 점점 무너졌고 상처가 도드라졌다. 상처 없는 사람이 누가 있으랴? 하지만 자꾸 건드려지니 아물었다고 생각했던 상처가 다시 마음을 아프게 했다.

'엄마가 편해서 그러겠지.'라고 스스로 위로하였다. 그러다가 '얼마나 힘들면 그럴까! 그 마음을 내가 받아줘야지.'
그러나 엄마라는 이름으로 견뎠던 그 힘을 다 소진할 탓일까? 방전된 듯 어떻게 해야 할지 때로는 당황스러웠고 언제까지 해야 하나 막연했다. 게다가 갱년기로 찾아온 '빈 둥지 증후군'이 날 더욱 힘들게 했다. 정서적인 회복탄력성은 무디어져 갔다.

그리고 딸은 악착같이 돈을 모으며 미국에서 공부하겠다며 코로나를 견디었다. 생각보다 길어진 코로나로 인해 상황이 어려워지자 미국에서 공부할 학비만 지원해달라 했고 그렇게 미국행 비행기에 몸을 실었다.

#7
때: 2024년 7월의 끝자락에서
장소: 터미널에서

지난해, 겨울의 시작에서 귀국했던 딸은 예정보다 해를 넘기고 미국행 비행기를 타기 위해 공항 리무진을 기다렸다. 강의가 있는 엄마를 배려해 혼자서 조용히 가겠다는 딸은 3년 전 때보다 부쩍 철이 들어 있었다.

 힘겹게 미국 영주권을 따던 지난날의 무게보다 더 큰 가방이 공항행 버스를 기다리고 있었다. 좀 더 나은 직장과 삶을 찾아 떠나는 미국행. 한국에 좋은 추억이 많지 않아 먼 타국에서 정을 붙인 딸은 7개월 동안의 한국 생활을 정리하고 미국을 향해 더 큰 발걸음을 내디딘다.

 부모 마음은 모두가 똑같다, 아니 한국의 부모라서 그런 걸까? 더 여유가 있다면 챙겨주고 싶고 곁에 두고 맛있는 것, 좋은 것 나눠주며 살고 싶은 맘이다. 미국을 가고 싶어 하는 그 속뜻을 알기에 내 마음은 더 아렸다.

 "어디 가든 힘든 일이 있기 마련이야. 흔들리지 않고 피는 꽃은 이 세상에 없어. 알지?"
 "알아. 엄마, 미국에 놀러 와."

 짧지만 여운이 많은 대화였다. 더 일찍, 더 높은 세상으로 날아가려는 딸의 날갯짓에 짐을 준 것 같아 미안했고 갈 길을 잃었던 부모가 본의 아니게 상처를 준 것 같아 주책없이 눈물이 나왔다.

 시간을 돌려보면 누구든 실수하기 마련이고 그때의 최선이라고 여겼던 방법이 최상이 아님을 깨닫고 후회하기도 한다. 그러나 과거가 현재의 나를 움직이는 것이 아니다. 미래의 꿈이 지금의 나를 움직이게 하니 과거 역경을 재편성할 수 있어야 한다.

우리는 모두 아이였다. 완벽한 사람이 없듯이 모든 사람은 어느 정도 '성인아이'를 가지고 있다. 우리가 아이였다는 사실을 성인이 되어서도 잊고 산다면 자신을 이해하는 열쇠를 잃어버린 것이다. '용서'와 '사랑'이라는 해결책으로 '성인아이'의 허기짐을 채워야 한다.

연은 순풍보다는 역풍에 가장 높이 난다. 지금 당면한 역풍에 어쩌면 연은 과거보다 더 높이 날 수 있을 것이다. 사랑하는 딸이 과거의 상처에서 나와 높이 나는 연이 되길 간절히 소망한다.

'사랑한다. 딸아.'

BEAUTY IS BORN
FROM ADVERSITY

BEAUTY
IS BORN
FROM
ADVERSITY

장려상　이서미 작가

어둠은 결코 불행이 아니었다.
그것은 행복의 전주곡이었다.

폭풍과 함께 혼돈이 찾아왔다.

장애를 만나게 되면 고통스럽지만,
그것은 반드시 인생에 또 다른 기회를 준다.
인생을 뒤흔들고 지나간 고통에는
신이 우리에게만 허락한 커다란 선물이 숨어 있다.
-이랜드 박성수 회장

기쁨과 혼돈을 함께 만났다.

　임신 8개월이 되어 정기검진을 받는 날이었다. 산부인과 진료실에 들어섰을 때였다.

　"혈압이 많이 높은데요? 입원해야겠어요."

　"무슨 말씀이시죠? 전 건강해요."

　"정상보다 높아요. 150입니다. 부종도 있고요. 그리고 단백뇨까지…. 이렇게 되면 영양분이 태아에게 공급되지 않아서 성장이 멈출 수도 있어요. 위험합니다."

　청천벽력 같은 소리였다. 튼튼한 몸, 건강한 마음, 난 어디 하나 부족한 것이 없었다.

　'오진이겠지? 왜 쓸데없는 소리를 해서 사람 불편하게 만들지?'

아무 말 없이 병원문을 나섰다. 차가운 겨울바람이 코트 사이로 비집고 들어와 온몸을 얼얼하게 만들었다. 하늘을 쳐다봤다. 아기를 살포시 어루만졌다.

"아기야, 엄마는 괜찮아. 의사들이 모든 환자에게 앵무새처럼 하는 말이야."

혈압이 올랐다고? 부종이 생겼다고? 집에 도착해서 체중계를 먼저 찾았다.

"어, 저번보다 체중이 늘었네? 당연하지. 아기가 자랐는데."

스스로에게 위로하며 욕조에 몸을 담갔다. 뜨거운 물 속에 땀을 뺐다. 의사 선생님의 부종이 있다는 말에 살을 빼고 싶었는지 모른다. 단백뇨가 나온다는 말에 두부와 고기를 먹었다. 머리가 아프기 시작했다. 혈압이 원인이었다. 몸은 더 붓는 듯했다. 그렇게 일주일이 지나고 다시 병원 검진을 받으러 갔다.

"저번에 왜 그냥 가셨어요? 입원하셔야 됩니다. 이러다 큰일 납니다." 강제 입원을 하게 되었다. 입원할 준비도 없이 병실로 들어섰다. 눈물이 나왔다. '내가 왜? 난 괜찮은데. 우리 집에 가야 되는데.'

그렇지만 몸이 말을 듣지 않았다. 마음은 집으로 향했는데, 몸은 병실 침대에 눕고 말았다. 링거를 꽂았다. 똑똑 떨어지는 약물은 내 마음을 하나둘 체크하기 시작했다. 마음이 아려오기 시작했다.

나도 하나둘 정리하기 시작했다. 아이와의 태담은 계속되었다. 하지만 바뀐 환경 탓에 태아와 소통하는 횟수가 줄어 들었다. 입원 14일째, 혈압은 제자리였다. 더 좋아진다는 보장은 없었다. 머리가 아팠다. 입원한 병원에 계속 있게 된다면 더 아플 것 같았다.

자존심이 무너졌다.

결국, 앰뷸런스를 부르고 대학병원 응급실로 향했다. 임신중독증이라는 판명을 받았고, 중환자실에 입원했다. 혈압을 체크해 보니 190이었다.

'어떻게? 왜? 무엇 때문에? 나에게 이런 일이 생긴 걸까?' 친정엄마도 세 명의 언니들도 임신중독환자는 없었다. 태교와 육아 임신과 관련된 책자를 볼 때마다, 임신중독증 페이지는 그냥 넘겨버렸다. 나하고 상관없는 일이니까. 그런 나에게 임신중독증은 말도 안 된다고 화를 냈다.

52kg이었던 나의 몸무게는 76kg이 되였다. 거울을 보니 얼굴은 퉁퉁 부었고, 본래의 내 모습은 찾아볼 수가 없었다. 임신중독증이 생긴 원인을 잘 모른다며 의사로부터 명쾌한 대답을 듣지도 못했다. 지금은 최첨단 의료 기술이 발달하여 건강한 산모와 건강한 태아를 위한 시스템이 잘 만들어졌을 것이다.

30년 전 임신중독증 환자인 나는 마루타 실험을 당했다. 세상에서 가장 아프고 무서운 주사를 맞아야만 했다. 혈압을 낮추는 주사약이라고 들었다. 혈압 상승으로 주사실에 이송이 되고, 주삿바늘이 내 살을 파고들었다.

"으악, 그만해요. 그만! 너무 아파요." 고함 소리는 온 방을 휘젓고 다녔다. 의사 선생님은 잠시 투약을 멈췄다. 잠잠해진 나를 보더니 다시 시작한다. 몇 번 반복하고 나니 아픔은 끝났다. 너무 아파서 견딜 수가 없었다. 10CC 약물을 투여하는데 10분은 족히 걸린 것 같았다. 지금도 그날을 회상하면 끔찍하다. 중환자실 4명의 임신중독 환자들이 다 맞은 주사약이었다.

"환자가 위중합니다. 저희들도 최선을 다하겠지만, 만약 임산부와 태아에게 잘못된 일이 생기더라도 저희 병원에서는 책임질 수 없습니다."

사인을 하라는 것이었다. 남편은 한 손에는 이불 보따리, 한 손에는 서류를 들고 다니면서 복도 의자에 앉아 눈물을 삼켰다. 다음날도 그다음 날도 "산모와 태아에게 무슨 일이 일어나도 병원은 책임없어요." 날마다 남편은 사인을 하러 다녔다. 나의 몰골은 말이 아니었다. 나는 몸도, 마음도 지쳐갔다.

스산한 바람이 불던 어느 겨울밤을 지금도 잊을 수가 없다. 새벽 2시, 잠이 오지 않았다. 머리가 아파 바람을 쐬려고, 병실 창문으로 링거병을 끌고 다가갔다. 내 모습이 보였다. 표정 없이 굳어진 나의 모습을 본 순간 깜짝 놀랐다.

"넌, 누구니? 왜 거기 있어?"

병실 창밖을 내다보며 하염없이 흐느꼈다. 다른 사람에게 방해가 될까 봐 소리 내어 울 수도 없었다. 손가락으로 입을 틀어막았다.

처음으로 내 자존심이 무너지는 소리가 들렸다. 내가 쌓았던 자존심은 산 중턱을 깎아도 깎아도 허물어지지 않았는데, 한순간에 우르르 무너지고 말았다. 거대한 쓰나미와 함께 내 마음에 태풍이 몰려왔다. 아프고 쓰렸다. 더 이상 수식어는 필요 없었다. 추한 모습을 다른 사람에게 보여주기는 죽어도 싫었다.

"에이그, 어쩌다가 저리 됐노." 이런 소리 들을까 봐. 처녀 시절 잘 나가던 모습은 이미 사라져 버렸다. 남포동을 휘젓고 다니던 시절, 멋을 마음껏 뽐내던 나의 모습은 찾아볼 수 없었다. 퉁퉁 부은 얼굴에 퉁퉁 부은 몸매는 처참했다. 아무에게도 알리지 않았다. 친구들에게도 주위 동료들에게도 병문안은 사절했다. 가족 외에 나를 찾아주는 사람은 없었다.

서서히 마음이 굳어졌다. 머리가 깨질 것처럼 아파서 잠을 이룰 수가 없었다. 잠을 자려고 애를 쓰다 보니 하루에 딱 1시간은 꿀잠은 잘 수 있었다. 하루 24시간 중 유일하게 잠들 수 있는 시간이었다. 태교에서 멀어졌다. 심장이 서서히 굳어지는 것 같았다. 감정의 골은 너무 깊어, 장대비처럼 감사를 부어도 받아들일 줄 몰랐다.

병원에 입원한 지 한 달이 되었다. 미소가 가득했던 내 얼굴은 메마른 사막의 선인장처럼 변했다. 뾰족뾰족 가시를 세우고 있었다. 누군가 불편감을 주는 사람에게는 금방이라도 콕 찌를 것 같은 자세를 취했다.

산모인 내가 극도로 예민했기에, 태아에게 그대로 전달되었을 것이다. 8개월까지의 태교에도 불구하고, 한 달 병원 살이를 하면서 암울하고 어둡던 마음들이 고스란히 태아한테 전해졌다. 어둠 속 터널을 건너는 동안 태교에 집중할 수가 없었다. 마음이 저 밑바닥에 떨어져 있었으니까. 임신 9개월째, 병원에서는 산모가 위중하다며 결정을 내리라 했다. 혈압이 높아서 수술도 힘든 상황이었다. 유도분만을 하기로 했다. 양손에는 링거가 3개, 주삿바늘 3개를 꽂았다. 운명의 교향곡이 울리기 시작했다.

무너진 자존심과
아름다운 새 생명 탄생

하루라는 고통의 강을 건너고 다음 날 아침 8시 30분.

"축하합니다. 공주예요. 그동안 고생하셨어요."

의사 선생님의 목소리에 아기를 쳐다봤다. 아기는 울지 않았다. 걱정스런 눈빛으로 쳐다봤더니, 간호사가 아기의 엉덩이를 찰싹 때렸다. 아기는 온 힘을 다해 노래를 불렀다. 노랫소리는 병실 밖까지 쩌렁쩌렁 울려 퍼졌다. 아기를 살포시 안아주었다.

"고생했다. 우리 아기, 고맙다."

아기가 언제 태어날지 모른다며 친정엄마와 남편이 아침 식사를 하고 병실에 늦게 도착했다.

"세상에, 엄마를 그렇게 고생시키더니 드디어 장군감이 태어났어요. 울음소리가 쩌렁쩌렁! 얼른 산모한테 가 봐요." 문밖에서 대기하고 있던 환자의 가족들이 알려 주었다

"아들이에요, 아들."

병실에 함께 했던 환자 가족들이 모두 축하해 주었다.

"여보, 고생했어요. 예쁜 딸이 태어났어. 우리 딸 하나만 잘 키웁시다. 다시는 당신 고생시키지 않겠어. 손에 물 한 방울 묻히지 않게 하겠어."

"여보……."

"당신만 있으면 돼. 앞으로 아이는 낳지 말자."

남편은 내 손을 잡아주며 안도의 웃음 반 울음 반의 목소리를 냈다. 이 약속은 계속 진행되고 있다. 남편은 아침 일찍 일어나 출근하기 전에 두유 하나, 토마토와 양파를 올리브에 볶은 것, 삶은 계란 한 알, 마늘 10개를 식탁 위에 차려놓고 나간다. 빨래와 설거지도 남편 몫이다.

한 달 동안 이불 보따리 들고 사인하러 다니며 병원 복도를 누비던 남편, 환자용 간이 의자에서 쪼그리고 잠을 청하다 아침이면 회사로 달려갔던 남편이 지금도 잊을 수 없다. 결혼을 반대했던 가족들도 이 모습에 남편을 좋아하게 되었다. 중환자실 환자들에게 친절하게 대하는 것을 보고 진심이 통했나 보다.

하지만 아기는 2.1kg 미숙아로 태어났다. 인큐베이터가 도입된 지 얼마 되지 않던 시절이었다. 아이는 인큐베이터에서 15일 동안 치료를 받고 퇴원을 해야 했다. 엄마와 헤어져야만 했다. 이제 세상에 태어난 신생아에게 15일 동안의 이별은 큰 충격이었을 것이다. 아기를 제대로 안아 보지도 못했다. 인큐베이터 병실 창밖에 서서 아이를 바라만 보다 돌아왔다. 지금도 꼬물거리던 아기의 모습이 내 눈에 선하다.

아기를 두고 집으로 가는 길은 무거웠다. 한 달 동안 엄마 뱃속에서 고생했는데, 태어나자마자 집으로 함께 가지 못하고 이별한 아기에게 미안했다. 몸은 가벼웠다. 하지만 마음은 먹구름으로 가득 찼다. 그냥 하염없이 눈물만 나왔다. 멍하니 천장만 바라보았다. 아직 병원에 있을 아이가 걱정되어서 그랬을까? 그것도 아니었다. 이런 내 옆에서 친정엄마는 미역국을 내어 주셨다. "따뜻할 때 어여 먹어. 산후 관리 잘못하면 평생 간다."

엄마를 쳐다보며 하루 종일 울었다. "엄마, 이제야 엄마 마음 조금 알 것 같아. 여자는 왜 이렇게 불쌍한 거야? 엄마 보니까 마음이 더 아파. 나 낳을 때 얼마나 많이 고생했을까? 우리 엄마. 엄마, 미안해. 내가 엄마한테 너무 함부로 말했던 것, 함부로 행동했던 것, 다 용서해 주세요." 엄마는 더 이상 말을 하지 않았다. 지금은 하늘나라에 계신 엄마가 가끔씩 힘들 때마다 그립다. 좀 더 잘해드릴 걸 후회가 몰려온다. 딸의 건강이 우선이었으리라. 자식으로 인하여 희로애락 오욕에 얽매이며 사셨을 엄마. 이제는 편안한 마음으로 나를 바라보지만, 손녀딸에 대한 근심 걱정이 한 스푼 더 올라오신 것 같았다.

한 계단, 한 계단 성장한 아이의 모습을 보면서, 나를 보게 되었고 발견하게 되어 이런 상황의 엄마와 나를 미러링해 본다. 참아내며 인내해 주었던 엄마, 이 글을 쓴 순간에도 그리워진다. 엄마는 보약 중 명약이다. 수조 원을 주어도 이런 명약은 구할 수가 없다.

하늘이 파랗게 보이지 않았다. 석양 노을은 빨갛게 물들어 잔뜩 아파 보였다. 내 마음도 아팠다. 아무도 나를 대신해서 아파해 주지 않았다. 그냥 나 혼자만 아팠다. 화가 났다. 짜증이 났다. 안절부절 집중을 못 했다.

웃음 많던 나는 임신중독으로 병원에 입원할 때부터 출산 후 집에 머무르는 동안 단 한 번도 웃은 적 없었다. 태교? 그런 건 관심이 사라진 지 오래되었다. 칠흑 같은 어둠뿐이었다.

이후 세상에서 가장 예쁜 아이가 우리 집에 찾아왔다. 고맙고, 감사한 마음에 아이를 안아봤다. 그리고 이내 친정엄마에게 아이를 건네주었다. "아이를 보면 행복해야 되는데 왜 자꾸 눈물이 나오지?" 아이는 극도로 예민했다. 잠자는 시간도 극히 짧았다. 딱딱한 인큐베이터에 있어서였을까? 바로 엄마 품에 안겨서 상호작용하고 마사지도 받았어야 되는데, 안타깝게도 아이는 그런 환경에 있을 수 없었다. 태어나자마자 인큐베이터행, 부드러운 엄마의 살결보다 딱딱한 기계 속에서 아기는 얼마나 불안했을까 하는 마음 때문에 명치 끝이 저려왔다. 가장 중요한 애착을 형성하는 시기에 우울을 덮은 나에게 아이에게는 먹구름이었다. 기쁨과 웃음을 찾는 것이 꼬박 1년 걸렸다. 어느 날이었다. 어디선가 찬송이 흘러나오고 아이의 얼굴을 쳐다보는 순간 1년 동안 쌓였던 감정의 홍수가 터져 나왔다. 세상에서 가장 어여쁜 아이가 나를 쳐다보면서 "걱정하지 말아요. 제가 있잖아요."라고 이야기를 하듯 옹알이를 했다. 하나님은 어쩜 나에게 이렇게 예쁜 아이를 선물로 주셨을까? 그날은 울음 대신 감사의 찬송이 나왔다. 지금은 누구나 알고 있지만 30년 전에는 산후우울증이라는 단어는 생소했다. 꼬박 1년 동안, 어둠의 골짜기를 건너고 난 후, 감사는 딸이 성장하여 결혼한 이 순간에도 폭풍처럼 몰려오고 있다.

존경한다는 딸의 메시지에
가슴이 저려왔다.

따스한 햇살이 베란다 창문으로 눈부시게 새어 들어온다. 수북이 쌓인 책들을 정리했다. 책장에 있던 책들을 하나하나 꺼내었다. 그러다 문득 중학교 국어책 속에서 독서감상문 같은 한 장의 편지가 툭 떨어졌다. 누구한테 쓴 편지일까? 궁금해서 편지를 살짝 펼쳐보았다. '허준 선생님, 선생님은 어쩌면 우리 엄마랑 그렇게 많이 닮으셨어요? 배려하며 나눔을 실천하시는 엄마가 저는 자랑스럽거든요. 그래서 우리 엄마를 존경한답니다.' 중학생이었던 딸이 국어시간에 쓴 독서감상문이었다. 동의보감에 나온 훌륭하신 허준 선생님과 나를 빗대어 쓴 편지였다. 갑자기 눈물이 나왔다. 사랑하는 가족, 나의 소중한 딸에게 엄마로서 인정을 받는 순간이었다. 가슴이 저려온다. 열심히 살았던 나에게 딸은 삶의 값진 훈장을 달아주었다. 딸을 낳고 산후우울증으로 힘들었던 빛바랜 시간들이 비디오처럼 다시 재생되었다. 자신의 표현을 울음이라는 수단으로 사용했지만, 전혀 공감하지 못했다. 더 많이 안아주고, 더 많이 눈을 맞추고, 더 많이 이야기를 나누고, 더 많이 웃어 주었을 텐데…. 엄마의 풍성한 사랑은 어떤 거래와도 성립할 수가 없다. 하지만 그 때 나에겐 그런 여유는 사치일 뿐이었다. 딸이 대학생이 되었을 때 엄마를 가장 존경한다고 문자를 보내 주어서 너무나 고마웠다.

"이 세상에서 가장 존경하는 사람은 엄마예요. 훌륭한 사람들은 참 많지만 제가 존경할 수 있는 사람은 엄마. 우리 엄마뿐이에요." 성인이 된 딸의 메시지에서 자존감의 날개를 달았다. 내가 엄마라서 행복하다. 세상에 모든 엄마들과 함께 공감하고 나누고 싶다. 나의 우울감은 어디로부터 왔는지, 왜 찾아왔는지 지금도 궁금하다. **어둠은 결코 불행이 아니었다. 그것은 행복의 전주곡이었다.**

"장애를 만나게 되면 고통스럽지만, 그것은 반드시 인생에 또 다른 기회를 준다. 인생을 뒤흔들고 지나간 고통에는 신이 우리에게만 허락한 커다란 선물이 숨어 있다." - 이랜드 박성수 회장

BEAUTY IS BORN
FROM ADVERSITY

BEAUTY
IS BORN
FROM
ADVERSITY

장려상   김기덕 작가

역경은 누구에게나 닥친다.
이를 어떻게 대처하고
극복하느냐에 따라
인생이 바뀔 수 있다.

역경을 넘어서야 비로소
인생을 알 수 있다.

젊어서 하는 고생은 사서라도 해야한다.
-속담

인생의 역경은 누구에게나 닥친다.

　인생의 역경은 누구에게나 닥친다. 인생을 살면서 역경에 닥쳐보지 않은 사람이 있을까? 아마도 아무도 없을 것이다. 역경은 누구에게나 오는 자연법칙과도 같다고 할 수 있다. 자연의 법칙이란 봄이 가면 여름이 오고, 여름이 지나면 가을이 오고, 가을이 지나면 겨울이 오듯이 시간의 흐름에 따라 자연스럽게 변화하는 것을 말할 수 있다. 이렇듯 역경이란 인생에서 피할 수 없는 자연의 흐름이고 그래서 자연 현상과도 같다고 할 수 있을 것이다.

　그럼 역경의 단어를 구체적으로 정리해 보자. 역경이란 그 일이 순조롭지 않아 일이 매우 어렵게 된 처지나 환경 또는 사는 과정에서 겪게 되는 불행하거나 힘든 상황을 뜻한다고 나무위키 사전에 정의되어 있다. 인생 60년을 넘게 살아보니 역경이라고 하는 것이 끝도 없이 닥쳐온다. 한고비를 넘기면 다음 고비가 닥치고, 다음 고비를 넘기면 또 다른 고비가 계속해서 오는 것이다. 사람이 태어나 죽을 때까지 역경은 계속되고 이러한 역경은 삶의 일부라고 할 수 있을 것이다. 인생에는 좋은 날만 계속되지도 않고 계속될 수도 없다. 인생은 자연 만물의 원리와 마찬가지로 우여곡절을 겪고 길흉화복을 맞기도 한다.

햇볕만 계속 내리쬐는 화창한 날만 계속된다면 어떻게 될까? 식물이 자라지 않는 사막과도 같이 될 것이다. 이러한 곳은 사람이 살기가 어려울 뿐만 아니라 온갖 생명체가 살기도 어렵다. 비가 오는 궂은날만 계속되거나, 눈만 몇 달씩 계속 내리는 남극과 북극은 또 어떤가? 식물이나 생명체가 살기가 극히 어렵다. 만물이 변화하듯이 태어나서 죽을 때까지 역경이라고 하는 것도 변화를 계속한다. 이러한 역경이라고 하는 것이 사람마다 다 똑같지 않고 다르다. 어떠한 상황에서도 사람마다 그것을 어떻게 받아들이느냐에 따라서 역경에 굴복하기도 하고 극복하기도 한다. 대부분은 극복하지만 어떤 사람은 깊은 상처를 입기도 한다. 또 어떤 경우는 역경을 겪으며 큰 깨달음을 얻기도 한다.

역경이 그 사람을 더 단단하게 하기도 한다. 대추 하나 밤 한 톨도 그냥 쉽게 얻어지는 것은 없다. 뜨거운 햇빛은 기본이고 태풍과 같은 바람과 폭우 속에서도 꽃을 피우고 열매를 맺는다. 수백 번의 천둥번개며 온갖 가시덩굴 같은 잡풀의 위협 속에서도 꿋꿋이 자신의 열매를 맺는 것처럼 말이다.

역경은 누구에게나 닥친다고 했다. 그렇다고 역경에 아무런 대비나 준비도 하지 않아야 할까? 아니다. 누구에게나 닥치지만 이를 어떻게 생각하고 받아들이느냐에 따라 상처가 되기도 하고 교훈을 얻기도 한다. 그러니 어떠한 일이 있더라도 긍정적인 마음가짐을 유지하는 것이 중요하다. 또한 역경이 닥쳤을 때 넋 놓고 있는 것이 아니라 작은 일부터 시작해서 큰 역경을 극복하기 위한 목표를 세우고 행동해야 한다. 그리고 이러한 역경을 통해 비록 실패나 낙담을 하더라도 결코 두려워하지 말고 다시 일어나 도전을 하고 끊임없이 시도해야 한다는 것이다. 역경은 굴복하기 위해 있는 것이 아니라 극복하기 위해 놓인 신의 시험과도 같다고 생각하자.

 역경을 극복하고 넘어섰을 때 한 발 더 성장하는 나를 만날 수 있기 때문이다. 이러한 과정을 통해 단단하게 나를 세울 수 있고 강한 나로 거듭날 수 있게 되는 것이다.

나는 역경을
어떻게 극복할 수 있었을까?

인생에서 닥치는 역경은 마치 매일 마주치는 파도와 같다고 할 수 있다. 잔잔하게 불어오는 파도가 있는가 하면 폭풍우를 동반한 집채만 한 태풍이 불어오기도 한다. 잔잔한 파도는 그 어떤 영향도 미치지 않지만 집채만 한 태풍이 불어닥칠 때는 방파제를 넘어 육지에 피해를 심각하게 일으키기도 한다. 미국 남동부에 주로 불어오는 허리케인이나 동남아 등지에 여름에서 가을에 부는 태풍으로 인해 이미 일본이나 중국, 대만, 필리핀 등과 우리나라에도 적지 않은 피해를 주기도 한다. 이러한 자연재해는 한 번만 불어오는 것이 아니라 매년 주기적으로 반복되며, 그 강도를 점점 더 높여가고 있다. 이는 비단 어제오늘의 일은 아니다. 심각한 지구 온난화로 인한 기상이변과 기상 악화로 매년 경험하고 있는 것이다. 우리가 겪고 있는 역경 또한 이러한 자연재해와 마찬가지로 그 심각성이 날로 늘어나고 있는 실정이다.

내 사례를 통해 내 인생 60년을 돌아보면 알 수 있다. 20대 피 끓는 젊은 시절에 극히 일부만 걸린다는 간염에 걸렸다. 물론 대부분의 경우처럼 그 원인을 정확히는 알 수가 없다. 하지만 내가 추측할 때 부친의 사망과 무관하지 않다고 생각한다. 부친은 젊은 36세의 나이에 나를 임신시키고 황달로 인한 병으로 돌아가셨기 때문이다. 그 유전자가 고스란히 내게 전달되었으니 간이 선천적으로 나쁠 수밖에 없었던 것이다. 잠복기를 20여 년을 거쳐 25살에 그 증상이 나타난 것이다.

대학교 2학년 말쯤 체육 활동을 한 후에 배가 아파서 화장실을 들렀다가 설사를 하고 낫지를 않아 근처 병원에 급히 갔었다. 응급조치를 마치고는 큰 병원에 가보라고 했다. 다음날 서울대병원을 예약하고 여러 가지 검사를 했다. 일주일 후 병원 의사를 다시 만났다. 그리고 청천벽력 같은 말을 들어야 했다. '간염에 걸렸고 치료하지 않으면 5년 안에도 사망할 수 있다.'는 '5년 시한부' 선고를 받은 것이었다. 나는 이 말에 절망했다. 단지 25살밖에 되지 않았고 법대에 가서 고시패스를 하기 위해 대학을 자퇴하고 5수까지 해서 대학을 다시 들어갔건만 이 모든 꿈과 도전이 허사로 돌아간 것이다. 그것도 죽음을 앞둔 시한부 인간이라니 어이없고 황당한 일을 겪게 된 것이다.

그야말로 일생일대의 크나큰 시련이요, 역경이 아닐 수 없었다. 순간 이렇게 살아서 무엇하나? 하는 회의와 함께 미래의 희망이 사라진 것이다. 하늘을 원망하고 땅을 치며 통곡하면서 삶을 정리하려고 마음먹었다. 하지만 다시 생각해 보니 29살에 홀로 된 어머니를 생각해 보았다. 나를 위해 불철주야 장사를 하며 고생을 하면서 자식 성공을 위해 대학까지 보내지 않았던가?

그런데 자살이란 생각을 한다는 것이 너무 부끄럽고 창피했으며 나 자신이 한없이 한심스러웠다. 결국 인생을 포기하는 대신 고시를 포기하게 되었다. 대신 회사를 들어가기로 작정했다. 일생일대의 큰 고비를 넘어선 것이다. 직장에 들어가서 10년을 근무했다. 하지만 이때 IMF가 우리나라 산업 전반을 강타했다. 우리 회사도 예외는 아니었다. 구조조정과 정리해고가 단행되었다.

하필 이때 직장 상사와의 사소한 갈등으로 인해 권고사직 대상에 오르게 되었다. 결국 선택의 기로에서 나는 사표를 선택했다. 구질구질하게 굽신거리며 사느니 차라리 당당히 나의 길을 가고 싶었다. 집에서의 극구 반대에도 불구하고, 나는 사표를 제출하고 여러 진로를 모색했다. 젊어서 못다 한 꿈을 이루기 위해 고시에 재도전 하기로 했다. 법대 졸업 후 10년 만에 다시 그 몸으로 죽기 전에 고시를 패스하고 싶었다. 그렇게 신림동 고시촌에 들어가 2년을 매진했다. 하지만 처음부터 몸에 무리가 왔는지 증상이 목으로부터 나타났다. 병원에 가보니 유두종 바이러스가 침투하여 치료가 쉽지 않다고 했다. 증상으로는 쉰 목소리가 나고 점점 더 말소리가 안 나왔다.

심각한 병으로 인해 고시패스의 목표를 상실하기에 이르렀다. 고시패스를 한들 목소리 장애로 변호는 물론 그 어떤 일도 할 수 없게 되었다. 결국 2년 만에 다시 고시를 내려놓을 수밖에 없었다. 어쩔 수 없이 생계를 위해서 부동산 중개 자격증을 따고 중개업을 시작했다. 그렇게 평범한 일상이 계속될 줄 알았다. 하지만 부동산 영업에서도 인간관계 갈등은 여전했다. 사소한 갈등으로 인해 배신과 음모가 난무했다. 엎친 데 겹친 격으로 2008년에는 금융 위기가 닥쳤다. 부동산업에서 번 돈으로 빌라에 투자했던 것들이 금융

위기를 맞아 반토막이 났다. 화불단행이라고 결코 나에게 오리라고는 상상도 하지 않았던 암까지 찾아왔다. 인생의 나락으로 떨어지고 있었다. 그래도 다행히 조기에 신장암을 발견하고 모든 것을 내려놓은 채 수술했고 천만다행으로 수술로 완치할 수 있었다.

그 후로 부동산 사업은 그만두었지만 강남에 있는 법인에 가서 '부동산의 꽃'이라고 하는 빌딩 중개를 하고 싶었다. 그 길로 강남 중개법인에 들어가 빌딩 업무를 시작했다. 하지만 목소리 질병은 여전해서 브리핑하는 데 많은 애로사항과 불편함을 감수해야 한다. 한 번만 계약되면 수수료가 몇천에서 심지어 몇억까지 되었기 때문에 포기할 수 없었다. 노력만 한다면 그 수고한 가치를 인정받을 수 있게 되는 것이다. 하지만 2년 동안 단 한 건의 계약도 성사시키지 못한 채 그만둘 수밖에 없었다. 유두종으로 인해 계속 목을 괴롭히고 있었고 목소리 장애로 말미암아 제대로 된 브리핑이 되질 않았다. 이 상태로는 삶의 의미마저 없어 보였다. 명의를 찾아 여기저기 병원을 찾아다녔고 후두염의 최고 권위자 명의를 만나 수술을 감행했다. 2년에 걸쳐서 3번이나 대수술을 했다. 의사는 '수술이 잘 될 수도 있지만 만일 안되면 목소리를 잃어버릴 수도 있다'고 경고했다.

다행히 유두종 바이러스는 완치하고 치료했지만, 협착이라는 후유증을 겪어야 했다. 질병은 치료됐지만 또 다른 후유증으로 정상적인 목소리의 60프로 수준에 머물렀다. 그래도 이것이 얼마나 천만다행인지 모른다. 이렇게 20대부터 60대가 다 될 때까지 각종 질병으로 말미암아 삶의 역경을 감내해야만 했다. 인생 60년을 바라보는 나이에 더 이상 이렇게 살고 싶지 않았다. 더 의미 있고 가치 있는 일이 무엇인가 생각해 보았다. 사회복지사 자격증을 취득했지만 취업은 목소리 장애로 인해서 번번이 실패했다. 내가 할 수 있는 일이 아무것도 없어 보였다. 그래서 선택한 것이 마지막으로 독서였다.

어려서부터 책을 좋아해서 '너의 취미가 뭐니?' 했을 때 늘 '독서'라고 했던 게 생각나서 독서에 매진했다. 그리고 나의 꿈 버킷 리스트를 찾아 책쓰기를 시작했다. 작가 수업을 듣고 5주 과정 수강 끝나자마자 출판사와 계약을 하는 기적을 맛보았다. 책을 쓰기 시작하면서 나는 나를 180도 바꾸어야만 했다. 인생 전반을 걸쳐서 저녁형 인간으로 살아왔던 나는 새벽형 인간으로 새벽 5시에 기상하여 물 마시고 필사하고 독서하고 글쓰기를 하는 것을 루틴으로 이어갔다. 또한 책쓰기 기간 동안에 해야 할 것과 하지 말아야 할 것을 철저히 구분해서 실천했다.

그렇게 45일간의 집중 몰입을 통해서 책쓰기 초고를 완성하고 출판사에 원고를 보낼 수 있었다. 하지만 이때에도 '시련은 변형된 축복인가?'라는 의문이 들 때까지 역경이 찾아왔다. 시골에 조그만 농경지가 있었고 그 논에서 매년마다 농기계가 빠지는 고질적인 문제를 해결하기 위해서 땅을 성토하기로 한 것이었다. 하지만 악덕 매립업자를 만나 제멋대로 돌이 많은 흙을 퍼부었다. 매립업자의 불법행위로 인해 급기야 민원이 제기되고 시청에서 원상복구 명령이 내려왔다. 평생에 걸쳐 단 한 번도 경험하지 못한 일을 겪어야만 했다. 밤잠을 제대로 자지 못한 것은 물론 죽을 수도 있겠다는 생각까지 들 정도로 극심한 스트레스에 시달렸다. 이 땅 문제는 4년을 끌며 나의 영혼과 신체를 갉아먹었다.

이 땅 문제로 인해 재정적 부담은 물론 정신적 스트레스 또한 죽음의 공포까지 맛봐야만 했다. 이 와중에 책을 출판했다. 하지만 초보 작가인 나를 알아주는 사람은 아무도 없었다. 스스로 홍보해야만 했다. 신체 여러 장애에도 불구하고, 강의를 하기 시작했다. 커다란 도전이었고 정상적인 목소리가 아닌 상태에서 무료특강을 하면서 작가에서 강사로 그 영역을 넓혀 나갔다.

그리고 매일 새벽 5시에 일어나 미라클글쓰기 모임을 운영해 나갔다. 책을 읽고 매일 글쓰기를 조금씩 했다, 돌아보니 인생 60년의 세월이 '훅'하고 지나갔다. 그래도 매일 아침 글쓰기를 하면서 나의 내면 아이를 직면할 수 있었다. 그토록 하고 싶었던 성공을 위해 일생을 도전하면서 살아왔지만 선천적인 질병으로 말미암아 그 한계를 넘을 수 없었음을 인정하지 않을 수 없었다. 인생이 나의 뜻대로 이루어지지는 않았지만 결코 실망하거나 낙담하지 않았다. 이것이 나의 운명인지도 모른다. 하지만 그래도 나는 도전을 멈추지 않았고 오늘보다 나은 내일을 위해 최선을 다했다.

이렇게 3년간의 독서와 치유 글쓰기를 통해 나를 알고 나를 넘어설 수 있었다. 그 성과로 놀라운 기적을 만들어 내었다. 그동안 불치의 병으로 죽음의 공포에서 벗어나지 못했던 만성 B형 간염 바이러스가 없어지는 기적을 만난 것이다. 이것은 의료업계에서도 보기 드문 기적적인 현상으로 단 1%만 가능하다고 했다. 내가 그 주인공이 된 것이었다. 인생은 도전의 연속이고 도전하는 삶 속에서 역경은 늘 있는 것이어서 극복하지 못할 역경은 없다고 본다,

신이 우리에게 역경을 줄 때 극복할 수 있는 것만을 보낸다고 하지 않는가? 도전을 극복하고 넘어섰을 때 진정한 삶의 희망과 보람도 느낄 수 있지 않을까?

다음으로 역경을 극복한 타인의 사례는 역사적으로도 매우 많다. 대표적으로 에디슨을 들어본다. 에디슨은 전기를 발명한 사람으로 유명하지만 그는 학교에서 퇴학을 당할 정도로 선생님에게 '멍청이'라는 소리를 들었고 결국 3개월 만에 퇴학을 당했다. 학교생활에 적응하지 못했지만, 어머니의 지지와 스스로 학습하는 자세로 지식을 쌓았다. 전구를 발명하기 전까지도 에디슨은 수천 번 실패를 경험했다. 그럼에도 불구하고 실패를 실수가 아닌 배움의 기회로 활용했다. 바로 '실패는 성공의 어머니'라는 신념을 견지했다. 또한 끊임없는 학습과 자기계발을 통해 부단히 성장했다. 혼자서 하기보다는 팀워크를 통해 더 큰 시너지를 만들어낸 것이었다.

두 번째로 꼽고 싶은 인물은 칭기즈칸이다. 칭기즈칸은 몽골제국을 건설하고 세계사를 뒤흔든 위대한 정복자였지만 끊임없는 역경과 투쟁이 있었다. 어린 시절에 아버지를 잃고 부족 내에서 따돌림과 배척을 당하고 고난스러운 삶을 살았다. 부족 간의 갈등으로 전투에 패배하여 포로로 잡히는 등 고난을 겪었다. 또한 주변 사람들의 배신과 음모에 시달렸다. 가장 가까운 동맹자조차도 그를 배신하고 적으로 돌아가는 경우가 비일비재했다. 이렇게 어려운 환경 속에서도 좌절하지 않았고 목표를 향해 나가는 강인한 정신력을 보여주었다. 뛰어난 리더십을 발휘하고 전투에서 승리하기 위해 다양한 전략을 구사했다. 능력 있는 인재를 적재적소에 배치하고, 적을 완전히 파멸시키기보다는 용서하고 포용하여 자신의 세력을 확장해 나갔다. 칭기즈칸은 스스로 다양한 문화와 지식을 받아들이고 끊임없이 학습을 게을리하지 않았다. 다양한 종교를 포용하고 종교적 자유를 보장함으로써 백성들의 지지를 얻었다.

우리는 칭기즈칸을 통해 '역경은 성공을 위한 디딤돌'이라는 사실을 깨닫게 된다. 강한 정신력과 끈기는 어떠한 어려움도 이겨낼 수 있는 원동력이다. 리더십은 성공적인 삶을 위한 필수 요소이며 끊임없는 학습과 변화는 성장을 위한 필수 요소가 되었다.

위 세 가지 사례를 통해서 얻을 수 있는 교훈은 역경은 단순한 시련이 아니라는 사실이다.

역경을 줌으로써 더 강하고 단단한 정신력을 갖추고 목표를 향해 나가는 힘을 발휘할 수 있도록 해주는 것이다. '젊어서 하는 고생은 사서라도 해야 한다.'고 하지 않던가? 젊은 시절의 고생은 인생을 살아가는데 필요한 다양한 경험을 쌓은 기회가 된다. 실패와 좌절을 통해 한층 더 강해지고 문제해결 능력을 향상시킬 수 있게 된다. 이러한 고생은 마치 봄에 씨앗을 뿌리는 것과 같아서 힘든 시간을 견뎌내고 극복하다 보면 풍성한 결실을 얻을 수 있게 되는 것이다.

역경을 넘어서야
비로소 인생을 알 수 있다.

　나의 인생 여정은 내게 가장 큰 시련이요, 역경처럼 보인다. 하지만 다른 사람들이 나를 봤을 때는 어떨까? 다른 사람들도 그 사람 나름대로의 역경이 있었을 것이다. 정도의 차이는 있을지언정 누구나 인생에 파도가 치듯이 누구라도 역경을 겪는다. 아무도 역경을 피해 갈 수는 없다. 이를 극복하지 못한다면, 그것은 인생의 종말을 맞이할 수도 있다. '강한 자가 살아남는 것이 아니라 살아남는 자가 강한 자다.'라는 말이 있다. 아무리 강한 자라 하더라도 그 강한 자 위에 더 강한 자가 있을 수 있다. 아무리 강하다고 하더라도 자연 앞에서는 무력하기 때문이다.

　우리는 인생에서 역경을 겪을 때마다 새로운 깨달음을 얻는다. 어려서부터 쉽게 걸리는 감기도 잘 극복하고 넘어서야 한다. 만일 그렇지 못하면 폐렴에 걸리기도 하는 것이다. 급기야 사망하는 경우도 생긴다. 어떤 사람은 허약하여 매년 감기를 연례행사처럼 치

르기도 한다. 우리에게 무언가의 역경이 닥쳤을 때 극복하고 넘어서기 위해서는 힘이 필요하다. 그런데 그 힘이라는 것은 어디에서 오는가? 힘이 저절로 생기지는 않는다. 음식물을 섭취하면서 영양을 보충하고 운동을 통해서 힘을 기를 수 있게 된다. 힘이 없는 것은 힘을 비축하거나 기르지 않은 탓에 있다. 힘을 기르려면 어떻게 해야 할까? 아이러니하게도 힘을 기르는 방법은 힘을 쓰면 된다. 힘을 쓰게 되면 힘이 든다.

특히 여름인 경우에는 땀이 비 오듯 한다. 그래도 세상 이치가 힘을 들이지 않고는 힘을 얻을 수가 없다. 역경을 이겨내고 극복하고 견뎌낼수록 역경에 대처하는 힘이 커진다고 볼 수 있다. 인생의 크고 작은 역경 속에서도 수동적으로 대처하기보다 능동적으로 대처할 때 더 큰 힘을 얻을 수 있다. 얼마 전에 2024 파리올림픽이 성황리에 막을 내렸다. 알다시피 올림픽 경기는 4년에 한 번씩 열린다. 올림픽에서 메달을 따기 위해서는 4년을 준비해야 한다는 얘기다. 종목마다 차이는 있지만 몇 초 사이에 승패가 판가름 나기도 한다. 단 몇 초를 위해 4년이란 세월이 필요한 것이다.

우리나라는 특히 총, 칼, 양궁에서 큰 두각을 나타냈다. 신체 조건이 다른 나라에 비해서 특별하다고 볼 수 없는데도 불구하고, 좋은 성적을 거둘 수 있는 이유가 무엇일까? 부단한 노력과 훈련이다. 극복하고 역경을 이겨내는 불굴의 의지와 정신력이 있어야 가능한 일이다. 정신력이라는 멘탈과 끊임없는 반복 훈련을 통한 습관적인 행동이 좋은 결과를 낳는 것이다. 사람은 한번 역경을 겪을 때마다 느끼고 깨닫고 하면서 성장한다. 저절로 자라는 나무는 없다. 모든 만물이 마찬가지다. 몸과 마음의 집중과 정성을 통해서

에너지를 한 곳으로 몰입할 때 커다란 힘을 발휘할 수 있는 것이다. 올림픽에서의 금메달을 따는 일은 이러한 훈련의 결과라고 할 수 있다.

나는 책을 읽으면서 나의 꿈을 찾았다. 바로 책쓰기라는 꿈이었고 강사라는 꿈이었다.

이렇게 내가 인생의 절벽을 맞닥뜨리고도 기사회생할 수 있었던 원동력은 바로 아침 새벽 시간에 있었다고 볼 수 있다. 새벽 5시에 기상해서 물 한 잔 마시고, 확언하면서 정신을 가다듬고 국민체조를 하고 백팔배를 하면서 몸을 단련했다. 그리고 독서와 글쓰기를 하면서 오전의 황금 같은 시간을 중요한 일에 몰입해 쓸 수 있었다. 이제는 책을 6권이나 낸 작가로 명실상부한 책쓰기 강사이자 코치로 활동하고 있다. '5년 시한부 선고'라는 신체의 역경을 극복하고 유두종이라는 목소리 장애를 딛고 신장암도 극복하고 강사로 활동하고 있는 것이다. 불가능해 보이는 일이었지만 포기하지 않고 끝까지 도전했기에 가능한 일이었다. 종이책으로 두 번째 개인 단독 저서를 이번에 출간했다. 진정한 책쓰기 강사로 작가로 발돋움하는 계기가 된 것이다.

더욱 기쁜 소식은 3년간 책을 읽고 글쓰기를 하며 꾸준하게 루틴을 이어 가다 보니 불치병인 만성간염이 치료되는 결과를 얻게 되었다. 병원에서도 1%밖에 안 된다고 한다. 40년 이상 먹던 간염 치료약을 이제는 더 이상 먹지 않아도 된다. 간염 바이러스가 몸에서 사라지는 기적을 낳았다. 이제는 죽음의 공포에서 해방되는 영광과 희망을 갖게 된 것이다. 인생 100세 시대에 나도 장수하면서 살아남을 수 있게 된 것이다. 예전 같으면 인생 60이면 세상을 정리해야 하는 시기였다. 하지만 이제는 아니다. 인생 60은 인생의 종착점이 아니라 시작점인 것이다. 인생 2막 출발선에서 오로지 내가 하고 싶은 삶을 살 수 있는 기회가 찾아온 것이다. 무엇이든 꿈꿀 수 있고, 실현할 수 있다.

내가 원하는 것이 무엇이든 인간을 이롭게 하고 세상을 밝게 하는 일이라면 도전해도 늦지 않는다. 누구나가 지금 닥치는 역경이 가장 커 보인다. 어쩌면 자신에게만 닥친 역경으로 생각할 수도 있어서 낙담할 수도 있다. 하지만 역경은 누구를 막론하고 닥친다는 사실을 잊지 말자. 스스로 이를 얼마나 어떻게 잘 극복하고 넘어서느냐에 따라서 사람의 역량도 키울 수 있다. 지금은 8월 중순으로 1년 중에 가장 덥고 힘든 시간을 보내고 있다. 하지만 이때도 어떻게 이를 극복하고 견뎌내느냐에 따라서 가을에 풍성한 곡식을 수확하듯 성과를 맛볼 수 있을 것이다.

어쩌면 이렇게 모두가 어렵고 힘든 때에 승패가 결정되는지도 모른다. 누구보다 많은 피와 땀을 흘려 가며 목표를 향해 나갈 때 그 결과는 더 달콤하지 않을까? 덥다고 축 늘어져서 아무것도 안하면 아무 일도 일어나지 않는다. 더울 때 더위를 견뎌가며 당당히 맞서서 헤쳐 나가야 하는 것이다. 이열치열이라는 말도 있지 않은가? 더울 때 더 땀을 흘려야 한다. 그래야 성과로 더 값진 열매를 딸 수 있지 않을까?

역경은 삶의 일부라고 말했다. 왜냐하면 역경을 마주하면서 극복하는 과정에서 자신감과 인내심 그리고 문제해결 능력을 향상시킬 수 있기 때문이다. 역경을 통해 강한 정신력을 기를 수 있고 어떤 환경에서도 굽히지 않는 강철 멘탈을 장착할 수 있다. 또한 이러한 역경을 겪으면서 자신의 내면에 존재하는 잠재력을 발견할 수도 있는 것이다. 이를 통해서 진정한 삶의 의미와 가치도 알 수 있게 되기 때문에 인생을 살아가는 데 있어서 반드시 필요한 과정이라고도 말할 수 있을 것이다.

역경을 통해 인생의 소중함을 깨닫게 되고 더 큰 목표를 향해 나아갈 수 있는 동기를 얻게 된다. 이러한 역경 속에서도 포기나 좌절을 하지 않고 꾸준하게 노력하는 자세를 배울 수 있게 되는 것이다. 그리고 이러한 역경을 극복해냄으로써 비로소 진정한 인생을 알 수 있는 것이 아닐까?

BEAUTY IS BORN
FROM ADVERSITY